驾 驭 市 场

成为交易过程中的盈利高手

詹姆斯·弗·戴尔顿

【美】罗伯特·拜文·戴尔顿　著

埃里克·提·琼斯

陈　烨　译

山西出版传媒集团

山西人民出版社

图书在版编目（CIP）数据

驾驭市场：成为交易过程中的盈利高手／（美）詹姆斯·戴尔顿，（美）罗伯特·戴尔顿，（美）埃里克·琼斯著；陈烨译.—太原：山西人民出版社，2019.10
ISBN 978-7-203-10860-3

Ⅰ.①驾… Ⅱ.①詹… ②罗… ③陈… ④陈… Ⅲ.①金融投资—基本知识 Ⅳ.①F830.59

中国版本图书馆 CIP 数据核字（2019）第 093525 号
著作权合同登记号 图字：04-2018-005

驾驭市场：成为交易过程中的盈利高手

著　　者：（美）詹姆斯·戴尔顿　（美）罗伯特·戴尔顿　（美）埃里克·琼斯
译　　者：陈　烨
责任编辑：魏美荣
复　　审：赵虹霞
终　　审：秦继华
装帧设计：任燕飞工作室

出 版 者：山西出版传媒集团·山西人民出版社
地　　址：太原市建设南路 21 号
邮　　编：030012
发行营销：0351-4922220　4955996　4956039　4922127（传真）
天猫官网：http://sxrmcbs.tmall.com　电话：0351-4922159
E-mail ：sxskcb@163.com　发行部
　　　　　sxskcb@126.com　总编室
网　　址：www.sxskcb.com

经 销 者：山西出版传媒集团·山西人民出版社
承 印 者：三河市京兰印务有限公司

开　　本：710mm×1000mm　1/16
印　　张：14.5
字　　数：200 千字
印　　数：1—5000 册
版　　次：2019 年 10 月　第 1 版
印　　次：2019 年 10 月　第 1 次印刷
书　　号：978-7-203-10860-3
定　　价：58.00 元

如有印装质量问题请与本社联系调换

前　言

你可以掌控风险，却无法掌控收益。

——皮特·伯因斯坦

这本书是帮助你如何比竞争对手抢得先机。

为了获得优势，你必须首先不能将风险和回报的关系看成是直线性的。投资（或交易）的首要目标就是要确认市场中不对称的机遇。如果想要把握这些机遇，你必须要学会观察市场结构中出现的不平衡。但那仅仅是个开始，你需要理解自己处理和利用信息的方式，以确保自己的行动能力不会受到外在因素的阻碍和扭曲。

《驾驭市场——成为交易过程中的盈利高手》解释了市场竞价的过程与人们决策制定过程的关系，以及市场行为影响人们行为的方式。底线是什么呢？你要学会处理风险，这样才能独占鳌头。

市场是理性的，人却是感性的

"高效市场"的理论是部分正确的，所以分配价格的市场机制是公平的。一个简单的双向竞价过程中，价格的涨跌总是能推动交易的发展，这是一个非常理性和高效的过程。

高效市场方程式的另外一半通常是错误的，当人们在做金融决策时，通常是缺乏理性的。高回报投资的第一步就是要了解，市场的不理性源于一个事实，人们总是在没有掌握完整信息的时候做出决策（通常是不可避免的），这就常会产生最糟糕的决策。

人性总是这样，我们总是在不断积累那些支持自己投资方向的信息。我们总是断章取义地搜寻到一些零散的背景信息，从而让自己在做决策时更为自信。支撑这种自负情绪的理论就是"非理性的市场是可以预测的"，这也是心理学家丹尼尔·卡勒门和阿莫斯·特沃斯基的标志性理论，该理论还获得了诺贝尔奖。

但是卡勒门和特沃斯基并没有继续发展这个理论，他们也没有研究如何有效利用这一事实。我们通过本书向您展示竞价过程是如何记录和反映市场结构的，以及在这种结构下，市场的可预见性是如何通过竞价末期出现的"过剩"来表现的。我们还解释了过剩是如何形成的，如何客观看待它，从而更好地处理风险。

所有的市场都是在稳定期和危机期之间交替运行的。监视实际市场的机构，我们会发现市场范式总是平衡转换的。市场指标，例如超卖（买）确保你在现状改变时可以做出及时地分辨，这样你才能有机会区分何时是投资的良机（何时不是良机）。也就是说，如果你能通过非理性的人类行为，如直觉，来辨别市场中出现的不平衡，那么你就可以降低风险。

每个人都在讨论投资和市场行为的问题。我们提供了一种解决方法，同时也是一种通过人类意识来阐释市场行为的工具，其为投资提供了更有指导价值的信息。

这本书适合你现在的情况吗？

作者按：

本书是三位作者合作的成果，本书的前言以及其中贯穿的丰富交易经验都来自第一作者詹姆斯·戴尔顿，他在自己的职业生涯中不断加深对市场的了解和掌控。

作为第一作者，总是有人问我这本书是否是为投资者或交易者撰写的。我认为本书所针对的读者并没有固定的人群划分，就是提供了一个集合，不同的人、不同的机构都会得出不同的观点。根据市场活动的不同阶段，读者的观点也随之变化。即使是长期投资者，也会因为要退出或进入一个交易部位而改变其决策过程。例如，调整、添加、现金收集和改变资产分配，这些都是实时的决策。

麦尔克姆·格兰维尔在他的《蚁穴之力》中也写到有关市场内容，他将犯罪行为描述成"一个抽象的事物，一个用于阐释一系列无法改变并复杂的行为的词语。"

也许你是一个成熟的投资者，或者是一个价值投资者。大多数机构投资者都会选择一种固定的投资风格。本书所涉及的理论既不依赖于市场条件，也不依赖于目前最有利的投资风格。事实上，这些理论的魅力在于其在风格、资金规模和资产类别上的不可知性。你在本书中所了解到的理论同样可以应用于任何风格的投资、任何时段，甚至任何市场，因为竞价过程同样适用于期货、地产、艺术甚至是电子商务市场。

本书的核心理念十分简单：所有的金融市场都是通过时间、价格和交易量来衡量的。通过这种综合性的市场生成信息分析方法使得你可以区分不同的价格水平，因为不是所有的价格都是公平的。同理，机遇也不是对等的，这一点在你驾驭风险时至关重要。

没有创造性，只有可能性

市场总会受到诸多的外部影响，而不仅仅是某家公司的情况变动，其中包括自然灾害、恐怖袭击、战争、政治纠纷等，这些都会导致不同时段下的市场处于卖空或买空的状态。一个短期性的不确定因素可能造就一位基金经理人，也可能会毁了他。投资者进行资金分配就像铺设草皮一样，要大小适当，稍有不慎，就会破坏一个投资组合，或者让多年来的交易记录毁于一旦。

现代投资组合理论主要依赖于资产类别、部门、个人证券的划分。本书的核心理念之一就是要说明这种划分存在不完全性，最重要的是你要划分时段。时段的区分对收入固定的经理人来说是收益的主要来源，他们常常通过掌控短期、中期和长期的交易工具来实现投资的多样化。这种方法常被净值投资者和投资顾问使用。

成功的时段区分可以帮助套期保值，避免市场的流动性突破、空头回补以及由于各类新闻事件而形成面临突破的短期市场波动。我想要说明的是经理人常常在错误的时机开始行动。这就是为什么当市场交易趋向平稳时，却是绝大多数投资者最痛苦的时刻。

变化是一种常态。变化出现也是我们最脆弱的时刻，习惯思维会促使我们去抓住那些最熟悉的，曾经"有效"的。所以说，在不断变化的市场条件下，有意识地学习如何辨认基本的变化结构是至关重要的。学会确定变化的形态可以为我们赢得甚至几百个点位的优势。在这样一个竞争激烈的世界里，一点点地不同可能最终会造成天壤之别。

了解市场不会直线变化，并且只有分析变化的本质才能处理风险和回报的投资者或投资顾问才能真正辨别风险，并从中获利。也就是说，成功的投资者绝对不是单纯的长期交易者，也不是空头理论家。

了解市场、了解自己，才能掌控风险

所有的人都希望得到一个绝对的答案。这就是为什么我们要小心地强调，我们提供的建议并不是一个学术范式，也不能替代高效市场假设。问题在于数学和事实模型等方法都比人类的直觉要更可靠，但是却缺乏灵活性，无法应对快速变化的市场形势。这些方法也无法将你与其他使用相同方法的竞争者区别开来。这就像你观看世界扑克锦标赛，所有的一流选手都知道取胜的几率，所以如果想要取胜就需要加深对这个过程的把握。

本书将市场机制和投资者区分开来。这样我们可以在一个内在统一的框架下，描述任何一个市场的运行情况，但是了解市场运行情况仅仅是交易等式中的一部分。掌握了市场运行情况还远远不够，你还必须了解自己吸收和处理信息的方式，然后根据这些信息采取行动。自从"前景理论"指出我们都不是理智的决策者后，这一理念就开始盛行。我们的情绪会削弱，甚至让我们失去自控力。但是我们还是决定不用全面地讨论人类的行为和神经经济学。

我们只想认为，可以用实际的市场元素，如时间、价格和交易量来促进传统的基本信息分析。投资者可以通过分析市场生成信息，进一步了解那些影响交易部位变化的本质。交易部位是控制风险的关键，同时也有助于投资者及时把握在市场结构发展过程中出现的不对称性机遇。

最近几年，有关人脑二分区的研究也见诸流行媒体。我们还是提议双脑并用进行成功交易（或者任何领域的成功）的第一人。我们的目标就是在掌管分析、进行重要基础信息研究的半脑和掌管直觉，处理实时信息的半脑之间寻求平衡。

我们要强调的就是要双脑并用进行投资，也就是对市场活动有一个宏观性、整体性的把握。平衡是成功的关键，该理念也是贯穿本书的核心原则。

为什么要听从我们的建议

我的整个职业生涯都是围绕着市场转的。这段经历也让我得出了两个基本的观点：第一，人的智慧和理解并不是齐头并进的；第二，人的耐心和自控力是不可靠的。

40多年前，我就迈入了这一产业。最初我是华尔街一家销售记录良好的大公司的股票经纪人。我曾一心认为，只有卖出股票才能成功。当时的我，的确是一名优秀的推销者，但我还是颇为天真，也缺乏经验。我当时没有意识到这一点。后来，通过多年的学习和努力，我才可以自信地说，自己能够一直为自己、为公司也为客户盈利。我一直都在尽力忘记职业生涯早期所遭受的金融方面的挫折（我也因为愿望落空而承受了很多心理痛苦）。这些认知差异部分源自选择股票时的不慎，而有些源自经验匮乏，因为我常常劝告顾客放弃自己的想法。

第一次成为一名股票经纪人，让我印象最深的就是筹集资金的重要性。前辈告诉我，这项工作十分关键，因为资金"成就了我们的国家"。我很快了解到没有人真正在乎资金收集的方式，除非他们拥有自己的公司。客户呢？他们也不关心。他们只想成为市场中的赢家，成为有钱人。这些认识也成为推动我职业生涯发展的核心动力。这个动力就是独立地为我的客户寻找盈利时机。

当时我的头脑十分清晰，但是我必须要跟随公司的研究方向。毕竟，公司研究部里云集了华尔街的金融精英。在我第一次接受经理人培训的过程中，有一个知名经济学家告诉我们他不会购买任何唾手可得的股票。我在完成培训后，回到了加利福尼亚，而那位经济学家也不再受聘于公司。不久之后，又有一位业内权威分析家说，她不会跟随任何一位股票买入专家的行动，她会保留自己的交易部位，但是据说也只是为了观察试用。同一时期，也就是在 20 世纪 70 年代早期熊市开始之前，我买入一些能源和黄金类的股票，让我的客户赚了一笔。但是我却没有得到佣金，因为我买入的股票都不在公司"股票推荐表"上。

我开始观察公司股票推荐表上的某些股票出现的惊人表现。这些股票常常在出现了超预期的上涨后又开始大跌。由此，我开始对一句口号十分着迷，也就是"谣言四起就买入，消息发布就卖出"。问题是这一原则并非时时奏效。通过长时间的观察，我发现尽管公司的分析通常都是正确的，市场接下来的变化还是会与公司的分析相矛盾。所以我意识到，市场的基础信息只有助于我们对市场大背景进行部分的了解。

于是，我从这家公司辞职，奔向下一家公司，坚信下一家公司的研究水平一定超过前一家，而我的世界也会由此发生变化。在 20 世纪 70 年代的熊市期间，市场从 1000 点下降到 500 点。所有的方法都无法扭转这一趋势。就在市场即将触底时，我学会了如何卖空股票，并且成功进行了职业生涯的前两次股票卖空交易。我的第三次卖空交易是房利美证券，而仅用了25%的保证金。我还要继续吗？

在市场触底后，我人生中最重要的经历之一也开始了。我开始对期权的买入和立权兴致勃勃。那时，期权交易需要一些独立的看涨和看跌期权交易者通过在买方和卖方之间进行不可替换交易完成。在这一时期，我逐渐了解了衍生市场，此时传奇式卡片计数人、交易者，同时也是《打败竞争者，占领市场：一套科学的股市系统》一书的合著者爱德华·桑普，在我这里开了一个账户。他公司的主要业务就是买入股票且卖出与股票相悖的仓单，确保可以在有效期结束之前实现融合。我记得他们的收益在20%以内。

在20世纪70年代早期，期权和仓单交易中的经验使我从刚刚成立芝加哥期货交易所（CBOE）第一任总裁乔·苏列文那里赢得了一个工作机会。后来我放弃了进芝加哥期货交易所和芝加哥期货兑换交易所工作的机会，义无反顾地接受了乔的邀约。在芝加哥期货兑换交易所刚成立期间，我曾是执行副总裁，也接触过各种各样的证券产业，也有机会结识了许多致力于期货及其他金融衍生物研究的学者。这段时间，我发现许多公司和个体交易者都喜欢使用单一的市场策略，这种策略可能在一段时间内是成功的，但是由于系统滥用和过度拉伸所造成的经济危机中我常常能见证单一市场策略的失败。后来我了解到没有任何一种策略适用于所有的市场（至少不是长期的），而能保证长期有效的策略都是灵活性的，并且能根据不断变化的条件而进行调整。

我还观察到，在市场的顶点和底点，专家和直觉投资者的意见似乎趋向一致，但这种意见通常是错误。我发现长期的市场预测并不可靠，因为总是会有意想不到的事件发生。我的结论就是，在市场的极端时期，最好不要随波逐流，而要保持怀疑、关注价值并且要独立思考。

尽管我开始逐渐了解成功的要素，我还是认为与大众背道而驰的感觉十分不舒服。我们毕竟是社会动物，希望寻找归属感，希望成为一个大家庭的某一个组成部分，我们所做的每一个决策都或多或少受到这一想法的影响。

20 世纪 80 年代末期，我发现了一个新理论，也是一种数据整理的方法，这使得我逐渐了解了市场的组织方式。我当时遇见了彼得·斯蒂尔梅尔，当时他受芝加哥证券交易所之托，要发展市场剖面图，也就是一个有关时间和价格信息的图表，价格是纵轴，时间是横轴。剖面图为使用的交易者提供了一个决策支持工具。彼得曾问过我，是否愿意为他和凯文·科伊合著的一本书赞助。我很快发现了这本名为《市场与市场逻辑学》（费城：波克派出版社，1986）的书存在的巨大价值，我给他寄去了一万美元的支票，作为对该书的赞助。之后，我和我儿子罗伯特·戴尔顿，以及埃里克·琼斯发展了彼得的理论，合著了《关注市场》（纽约：迈克格劳山出版社，1990），我们在这本书中详细阐释了交易信息处理策略。2005 年，这本书还被翻译成中文出版，我倍感兴奋。

我独自从事了几年市场交易，并且为其他交易者提供了指导，后来瑞士联邦银行金融服务部问我是否愿意第四次回去帮助其重组非私有性对冲基金业务。于是，我职业生涯中另一个重要时期由此开始，我成为对冲基金研究部的经理，直接接触到第一对冲基金，以及许多成功的交易者。

我在帮助瑞士联邦银行建立起一个处理对冲基金的有效机制后，又被任命负责管理账户的研究工作，我一直在这个职位上工作，直到2005 年 8 月退休。通过这一职位，我不仅了解了对冲基金，还接触到一些更为传统的公司，在科学的管理下，许多公司的收益上涨到 1000亿美元。

我也很惊讶地发现，许多处于相对收益状态的公司执行结果不尽如人意。虽然有些公司可以获得体面的相对收益（相对于他们的同行公司来说），但是他们的绝对收益令人失望。我可以很自信地说，本书的理念可以让大多数对冲基金以及相对收益经理人从中受益。

很久以前，我刚从事这一行业时，我曾经是 IBM 公司的销售第一人，我每天不断地接触客户，颠覆他们平静的状态，然后再帮助他们消除不安。这一模式到今天还让我受益无穷。《驾驭市场——成为交易过程中的盈利高手》为读者提供了一个全新及全面的市场理念。

我相信读者可以用本书提供的理念作为基础，不断地探索，从而在市场风险管理领域走得更远。

致　谢

我们已经挑出了一些有着固定理念或支撑的个体和组织。市场剖面图的分析是多年的教学、研究和交易的结果。

彼得·斯蒂尔梅尔的先进理念为我们的两本书《驾驭市场——成为交易过程中的盈利高手》和《关注市场》提供了理论支持。

布莱特·斯蒂恩伯格在读过我们的《关注市场》后与我们结识(布莱特是医科大学的精神学副教授和位于锡拉库扎的 SUNY 健康科学中心的副主任)。布莱特就本书的两部分内容专门给我们写信做出了分析,内容长达 60 页,他的分析侧重于投资者对市场和自身的理解要健康。布莱特认为市场剖面图与人脑收集和呈现信息的方式相同。他还为我们介绍了有关个体和组织变化的理论。这种反应也引发了数年的分析研究,加深了对人的认知、行为金融学和神经经济学的了解(你会发现,研究这些课题的书比起那些研究市场机制的书有更多的参考)。我们认为,成功交易的关键因素之一就是要理解市场如何改变人们,以及人们如何改变市场。

多年来以其高质量的技术支持而闻名的 CQG 公司为本书提供了大量的图表和数据。

WINdoTRADEr 是一个软件公用事业股票,要求灵活运用市场剖面图的图表,并且提供了柱形图分析特点。我们与 WINdoTRADEr 进行了密切合作,不断地为这个客户型股票提供改进建议。

　　《驾驭市场——成为交易过程中的盈利高手》的三位作者都为本书的撰写贡献了自己的力量。本书的写作角度是詹姆斯·戴尔顿的风格，他几十年来都积极参与到每日变化的市场交易中。罗伯特·戴尔顿是一个专业的作家（也是诗人），他总是能将复杂的理念转换成清晰且引人入胜的对话模式。埃里克·琼斯，也是詹姆斯原来的交易合伙人，多年来致力于市场和外汇的研究和写作。他曾经是世界最大金融服务公司的高级职员，为本书贡献了自己数年的宝贵经验，也为了理念的发展提供了指导，他的贡献同时也受到金融服务公司其他高级职员的认可。

　　芝加哥期货交易所的市场剖面图分析都已经成为芝加哥期货交易所的注册商标，其拥有这两个商标的版权。本书中所有的理念都是作者的观点。

目 录

第一章　唯一的市场恒量

改变不是必需的。生存并不是一个强制的过程。

——爱德华·德明

我的第一部车是一辆 1949 年生产的旧雪弗莱。我将它停进车库，更换了活塞、设置好时间、清理了汽化器，然后才开始正式使用。那个时候，我对于车的引擎及其工作原理都了如指掌。可是今天，如果有人问我车辆启动时，引擎盖下面的工作步骤，我则一头雾水。

我使用雪弗莱的过程与我第一次涉足投资领域的过程一样。20 世纪 60 年代末，我成了一名股票经纪人，我的选择简单明确：普通的股票、优先股、仓单交易和有限的店头期权交易、美国短期国债、市政债券、长期国债和现金交易。虽然那时已经出现共有基金市场，但是因为其交易受限，许多经纪行都不允许经纪人将其出售给顾客。

当今的金融市场以惊人的速度，从单一的市场组合向多元化发展。由于网络技术爆炸、全球化进一步扩展，以及纷繁复杂的各类因素，使得多元化的发展呈现加速趋势。这也使得个体交易者和投资者都茫然无措，对于大趋势也仅仅限于一鳞半爪的了解，他们只能求助于所谓的权威观点，希望从专家那里了解整体趋势的走向，而不会迷失在浩如烟海的各类信息中。这其实不足为奇，因为当今的金融环境一直处于变化莫测中。

托马斯·库恩在他的代表作《科学革命的结构》（芝加哥：芝加哥大学出版社，1962年）一书中分析，变化是以何种方式颠覆不同群体的信念。一个群体的成员总是依据共同意识对自身进行定位，他们总是在竭尽全力地维护这种共同意识。事实上，在捍卫共同意识的过程中也常常压抑了一些革新思想。因此，库恩认为，研究活动的价值不仅仅在于揭示真理，更在于要将新兴理论纳入传统观念的体系中。

简而言之，变化威胁到我们自我判定的价值标准（以及我们的传统投资理念）。

可是，历史告诉我们，一切事物都不是永恒的，最终都会出现一股不可忽视的强大变异力量，不能简单地将这种力量视作一种"激进理论"。因为这股力量颠覆了传统理念，造成了共同价值标准的变化。库恩认为，这些变化是革命性的。

价值标准的变化迫使一个群体不得不重建其价值基础、重新评估各类事件、重新审视现有数据，尽管在这个过程中会遭遇守旧人士的激烈的抵抗，旧的价值标准最终还是会被推翻。由此，一个全新的群体出现，之前的"激进理论"则作为新群体的价值标准而被广泛接受。

然而，变化又会再次循环出现。

变化的意义是什么？回忆一下，有多少一度叱咤风云的机构和引领潮流的人物都在变化中销声匿迹。那些及时发现变化趋势的人就可以从中得利，而守旧派人士则只能被趋势淘汰。人类社会的发展，就在不断地重复这种模式。

迈克尔姆·格兰维尔在他的《蚁穴之力：小现象引发的大变动》（波士顿：雷特布朗出版社，2000年）一书中，定义了人们对变化的反应方式，并且作了如下分类：

革新者、早期适应者、早期适应群体、晚期适应群体、落后者

接下来我们会告诉你，如何抢在你的对手前面，利用市场生成信息发现变化的出现并及时顺应变化，一旦大众都发现了变化的出现，那么你就丧失了先机。本书将会帮助你成为一位革新者，颠覆你对于经济和市场环境的理念，而你也会遇到一些与流行理念背道而驰的颠覆性信息。丹尼尔·卡诺曼就说过："所有新规范都会遭遇抵制，最强烈的抵制来自那些负责传播传统知识，维护现行体制的机构。"

首先，让我们从一个宏观的角度，也就是从那些做长线交易的投资者的角度，来深入了解金融市场的变动。需要注意的一点就是，这个过程是各类交易者/投资者都会经历的，包括那些抓住五分钟的价格振荡而进行投机的交易者、日内交易者，从事几日交易的短线交易者、中期交易者，以及交易时长达到数月或数年的交易者。

在各类时段中，我们需要了解，变化是如何发生的。

我们认为金融市场中正在发生着巨大的变化，因此与之相关的交易者、公司和产业都在经历着同样的变化。而在未来几年内，投资者、交易者、证券经纪人、金融顾问、养老基金顾问以及相关的研究人员都会融入这股变革的潮流中，经历成王败寇的复杂过程。

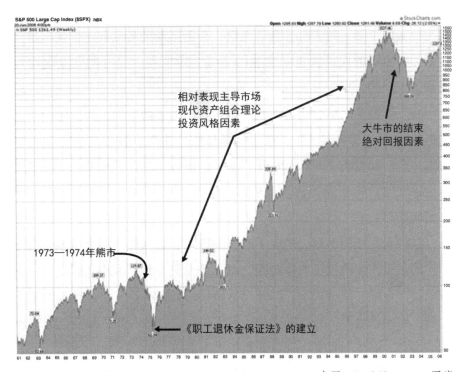

来源：StockCharts.com 图库

图 1.1 **影响市场和投资者行为的事件：标准普尔** 500 **指数，**1965

年到 2004 年

变革背后的原因不是单一的，过去 30 年间的一系列彼此相关或彼此独立的发展造就了这一演变。本章介绍了这一系列的发展，其对金融市场的影响，以及那些在市场进行操作交易的人（包括交易者、证券经纪人及金融顾问等等）。图 1.1 可以让你直观地了解美国股市近期内一系列关键性的发展。

《职工退休金保证法》的创立

20 世纪 70 年代早期，现代的金融服务公司经历了第一次巨大的变革。1974 年 10 月，美国的熊市达到一个前所未有的低谷，股价下降了约 40%（见图 1.1），债券市场也经历了同等幅度的下跌，据估计，购买力也因此下降了约 35%。所以此时，革新活动的蒸蒸日上也就不足为奇了，而变革的代价就是安全感的降低，1974 年，当时的安全理念也受到了大众的怀疑。

在变革发生之后，当时的政府紧接着出台了新政策，旨在保护职工的退休基金。1974 年《职工退休金保证法》生效，目的是保护职工享有退休金。20 世纪 60 年代出现了很多市场行为的评估模式，《职工退休金保证法》则不断关注风险收益，这也造就了一个合并责任起主导作用的新时代。

这种新责任的出现，适应了时代的需求；而《职工退休金保证法》关注的是退休金的投资决策过程，而不是投资本身。因此，形成了一个有关资产分配、管理决策，以及交易评估的新兴产业。在选择退休基金经理，雇用投资顾问来协助交易者完成信用责任的时候，都需要更加谨慎。由此，退休金投资咨询也开始蓬勃发展。

从表面上来看，《职工退休金保证法》有许多积极的影响，它不仅实现了多元化和透明化，而且也完善了评估标准，促使投资者可以比较各类投资行为，加深对于各类投资的认识。但是，其内部潜在的消极影响也需要历时数年才可以慢慢浮现：该法令扼杀了投资管理公司的创新能力。

相对表现的涨跌

在不断推进多元化和透明化的过程中，基金经理人也逐渐开始采用具体问题具体分析的方法来进行投资管理（见图 1.2）。相反，投资顾问需要改善方法，加强对个体基金经理人的市场投资行为，以及其与同行之间关系的评估。投资顾问最初采用的评估工具是宏观市场，但是随着越来越多的专业经理人的出现，评估的基准也变得越来越复杂。不同的评估模式也应运而生，这使得投资者可以对各类基金经理进行比较。投资顾问将基金经理人分成了几大类，以便可以更清楚地监控他们的行为，如果基金经理人与设定标准和要求背道而驰，投资顾问可以随时做出是否解雇他们的决定。在相当长的一段时间内，这使得多数基金经理人变得越来越专业，全力以赴关注一些个性投资风格，包括投资增长或价值评估，而这些又被细分成了大盘基金、中盘基金和小盘基金的投资决策，以及其他的一系列变化模式。

大盘成长 型基金	大盘平衡 型基金	大盘价值 型基金
中盘成长 型基金	中盘平衡 型基金	中盘价值 型基金
小盘成长 型基金	下盘平衡 型基金	下盘价值 型基金

图 1.2　典型的美国净资产类型

1982 年出现的大熊市持续了 20 年之久，那些试图进行创新操作的基金经理人有时会发现，自己的资金增长能力在不断衰退，无力再续曾经的辉煌纪录，因为他们已经无法适应实用主义的要求。

很多投资机构都开始比较不同经理人的投资表现和市场标准，由此人们开始关注相对投资表现，而不是绝对投资表现。（简单地说，"相对投资回报"与某一类资金经理人如何相对地执行相关标准，如标准普尔500指数。"绝对投资回报"指的是在某一段时间内资金盈亏的绝对值）采用相对论的方法来评估投资表现可以为基金经理人带来回报，这样一来他们就可以关注投资组合的构建，无论其投资表现是积极还是消极，都可以相应地调整标准，确保其评估方式优于市场基准。

相对论的方法可以为基金经理人带来一笔意外之财，因为它通常都可以弥补绝对投资表现的失误。资金经理人在负回报的情况下，只要可以超过同行和基准，都可以获得波音公司的养老基金。用相对论的方法来评估投资行为，资金管理产业就会不断地实现资产的增长（因为要收取相应的费用）。在市场上扬的情况下，这种做法并无不妥，但是如果在不确定的市场环境下，如2000年大牛市之后的市场，对于经理人来说，相对表现评估杠杆对于投资本身并无任何帮助。

趋势也会很快发生逆转：一旦市场趋势确定不再会上扬，客户就会要求经理人做出更多的调整，而不仅仅是按部就班地跟随市场发展。

大牛市的下跌

在大多数投资者和投资经理人看来，牛市的发展与《职工退休金保证法》的实施，使得现代资产组合理论（MPT）也同时生效。（一言以蔽之，现代资产组合理论强调高回报必然存在风险，投资者可以通过构建投资组合来降低风险，获得预期回报）对于受托人来说，通过多元化投资分配来控制风险的理念极具吸引力。如果市场运转良好（也就是说连续经历20年的牛市），那么各类投资回报、风险，以及与资产分配分析相关的各类假设都会逐渐与市场活动保持一致。如果这一情况继续发展，那么就可以形成一种趋势。在这种环境下，现代资产组合理论就会变成一根贯穿并连接金融市场中各类复杂活动的线。在这一模式中，运用相对理论概念进行操作的基金经理人，即使其风格单一，缺乏变化，也可以实现资产的不断升值。一旦基金经理人放弃了这种竞争风格，机会也会变得更少。这一现象的负面影响就是，过多的限制会妨碍基金经理人操作能力的提升。才华横溢且富有竞争意识的人不会长期保持一种投资风格，特别是当他们发现这种投资风格已经不能适应需求，他们决不会坚守。很多经理人宁愿放弃原来的工作，也不愿意改变自己的投资方法，这在我看来是不可理解的。

当大牛市开始出现衰退的迹象，股市也开始变得捉摸不定（不再继续上扬）。传统的基金经理人所秉持的投资模式是以相对论及现代投资组合理论为基础的，要求应用相对论来管理资金，根据相对投资表现来评估卖出记录，并且从相对论的角度来评估投资表现，其实这种模式也存在着自身的问题。

瑞士联合银行（UBS）的亚历山大·埃姆·伊内晨估计，全球股票总量在牛市顶峰可以达到 31 兆美元，而在 2002 年则跌落到约 18 兆美元，跌幅达到约 42%。1974 年时，整个投资领域都被迫开始进行变革，以便可以适应传统的资金经理人的目标和其委托人的需求之间的差异。

这一差异形成的主要原因在于，现代投资组合理论以其对各个资产团体的"合理"假设为依托。实际上，这需要一种长线投资的观点。投资者必须要长期投资，以便可以获得预期的回报。不幸的是，直到牛市结束，各个市场之间也没有实现协调合作。显而易见，大多数的个体投资者和投资机构对"长线"这个概念的理解存在巨大的差异，特别是当短线交易行为成为一种流行时，这一差异表现得更为明显。在市场面临压力时，不同的资产团体之间的纽带断裂，造成了意想不到的糟糕投资表现。

绝对回报的增加

显然，当短线投资造成了与预期背道而驰的结果，而这一情况出乎意料地没有出现在长线交易中时，投资者会作何反应常常不得而知。但可以肯定的是，当短线交易出现了意料之外的糟糕结果，秉持长线交易原则的投资者一定会在不当的时机清算资金。

当市场更加多变，难以捉摸，信奉绝对回报理念的交易者和投资者，会释放头脑中的相对性理念，不断地创造积极回报，而此时大多数传统的基金经理人可能还在继续追求消极回报（也就是紧跟着市场的变化）。绝对回报投资者反对"零风险"的观念，他们对于市场指数的评估也采用相对性理念，因此他们的操作更为灵活。他们在头脑中储备了大量的投资策略，灵活运用，并可以不断地做出积极的投资行动。在所有的资本交易中，这类投资者可以变换不同的投资风格。他们会卖空债券，这使得投资组合经理人可以有更多的机会挖掘价格高低不等的各类证券。

大牛市的结束，造就了一个富有冒险精神和创业精神的市场环境。当今的市场环境下，传统的基金管理公司很难留住有能力的交易者和投资组合经理人，因为跳出公司单干可以为真正有能力的个体投资者带来更大的回报。想在这样一个崇尚绝对回报的环境中生存发展的公司，就需要适应形势，寻找发展的新动力，吸引并留住创新人才。英国大报《观察者》中曾经有一篇文章，讲述了瑞士联合银行于2005年创立的对冲基金公司"狄龙瑞德资金管理公司"，在前三年的运营过程中投入约10亿美元的红利基金，目的是为了吸引和留住成功的交易者。文章刊登之时，该公司拥有约120名员工，也就是说每一名员工可以分到约300万美元的红利。所以，在这样一个崇尚绝对回报的新时代，不断有投资组合经理人，从传统的基金管理公司跳槽到可以提供更多挑战的投资机构，也就不足为奇了。

绝对回报市场环境下的成功投资

在强势上扬或泡沫经济环境下，市场多年来都在固定的范围内波动，大多数股市在 2000 年达到顶峰。在写本书时，我们正处于熊市的第五年。在这个大背景下，"熊市"这个概念具有误导性，更为准确的描述是，当前的市场处于一种"整理形态""交易形态"或"调整形态"。高低起伏的整理型市场，为适应能力强的交易者提供了绝佳的交易时机。约翰·莫德林在《熊市投资：探寻市场走势，寻求利益回报》（霍伯肯，新泽西：约翰·韦勒 & 桑斯出版社，2005）一书中表明了自己的态度，他认为历史上时间最短的牛市为 8 年，而平均时长为 16 年。在这一时期内，市场行为似乎是由一些精明的足球联盟的进攻球员掌控的，市场表面看来似乎是处于买空状态，但其实已经处于卖空状态，就像球员在球场上做向左的假动作，但实际上将球踢向右方，这样的市场留下了一群茫然无措的投资者尾随其后。

处于整理状态的市场是变化莫测的。有时你认为自己已经摸清了所有的动向，其实已经与大趋势背道而驰，此时你一定有被出卖的感觉。许多交易者都意识到市场是一个狡猾的对手，让你陷入它精心布置的圈套中，或者说它是一个魅惑的妖精，引诱投资者掏空了所有的积蓄。

在一段长期稳定的牛市或一个"相对回报主导的市场"中，你只要持续地进行投资，跟随市场稳定上扬的趋势就可以获得回报。但是，在熊市或一个整理型的市场中，正如我们现在所处的环境一样，聪明的交易者都在寻求方法，试图从错位的证券价格中获利，无论此时的市场是出于卖空还是买空的状态。获取"绝对回报"（在不考虑市场趋势的情况下，回报总额持续高于无风险情况下的回报率）需要一定的技巧、常识，以及对于市场和投资者行为的深入了解和成熟的交易手段。关键在于相对和绝对的方法是对立存在的，而整理形态中的市场环境可以帮助绝对回报投资者（也就是那些在每一个关键点

位，而不是在某些预设的点位，都关注投资组合价值的个体投资者）盈利。(见图 1.3）

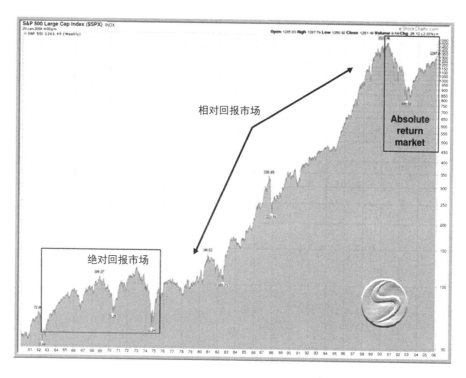

来源：StockCharts.com 图库

图 1.3　绝对回报市场条件 & 相对回报市场条件：标准普尔 500 指数，1965 年到 2004 年

如果历史像过去的 5 年那样，继续重复循环，维持了 20 年的牛市就会比过去更快地结束，而投资者也需要从一个不同的角度去分析市场，才能取得成功。

《关注市场》是本书作者的第一次合作结晶，这本书在大牛市的中期适时出版，却因为大多数的投资者都已经登上了"相对回报"的火车而变得毫无裨益。尽管牛市中还存在不可预知的易变性，但这本书中所涉及的理论和操作方法在今天看来仍然十分实用。《关注市场》一书详细论述了如何利用市场的这种易变性来盈利。大牛市的结构和投资行为都没有改变，但周围的一切都改变了。对冲基金开始急速扩展，而短期的动量交易也不断增加，这表示一旦出现了新趋势，市场的运行就会变得更快。

无论是牛市、熊市，还是整理型市场，都要遵循时间、价格和交易量等基本元素。在新的市场环境下，我们要再次重温《关注市场》一书所阐述的几条基本原则。

掌握客观公正的信息

你已经猜到了，整理型市场的易变性要大于牛市，不断增加的易变性带来了风险和机遇。被情感主导的交易者（或者是那些短视的分析师）会继续追随着振荡上扬的市场，极力挽救振荡下跌的趋势，由此形成了短暂错位的证券价格，同时也造成了低价抛售造成的金融损失。在市场整理范围之内的这种上升，提供了利用价格和交易量短暂差异的最佳时机。

《驾驭市场——成为交易过程中的盈利高手》一书根据市场生成信息清楚地解释了这一现象，也就是说，在大多数的市场波动背后，造成人们情感慌乱的因素不仅仅是骗术和矛盾信息的泛滥。那些拥有市场经验、自我了解和相关技术的个体投资者，可以避免因"慌乱入市/慌乱出市"造成的双输局面，并且可以拥有其他投资者不具备的优势。绝对回报投资是一场零和游戏，在这场游戏中，少数的专业人士不断地从那些仓皇逃离市场的个体投资者那里获得大量利益。

那么谁才是那些少数的专业人士呢？他们是一些经验丰富且目光长远的投资高手，利用市场结构的短期失衡来获得利益。他们了解自己的弱点，所以不会胡乱猜疑、愤怒和恐惧。他们善于自律，能够在信息爆炸的环境下，集中关注相关的市场生成信息。

市场生成信息，就是那些来自市场的客观公正的信息。分析解释这些信息，才能够清楚地了解市场运行的动力所在，因为市场动力基于市场的实际运行秩序。市场生成信息代表的是在任意的一段时期内（从宏观到微观）市场上有关信息的集合。你可以利用芝加哥期货交易所的市场剖面图来重组信息，监视实时条件下的市场结构。你还可以发现平衡状况下市场范式的转换。当市场结构出现了对称状态（见图1.4），也就是出现了钟型曲线，那么此时的平衡状态将是一把利弊兼有的双刃剑。

```
                    M
                    M
                    M
                    M
                    LMP
                    LMP
                    LMP
                    LMP
                    CHLMP
                    CHLMP
                    CHILMNP
                    CHILMNP
                    CHILNP
                    CHILNP
                    CGHILNP
                    BCGHILNP
                    BCFGHIKLNP
                    BCFGHIKLNP
                    BCFGHIKLN
                    BCEFGHIJKLN
                    BCEFGHIJKL
                    BCDEFGIJKL
                    BCDEFGIJK
                    BCDEFGIJK
                    BCDEFGJK
                    BCDEFJ
                    BDEFJ
                    BDEFJ
                    BDE
                    BDE
                    BD
                    BD
                    D
                    D
                    D
                    D
                    D
                    D
```

图1.4　**市场平衡期剖面图，体现了市场结构的对称**

当市场剖面图出现了不对称（如图 1.5），说明市场处于失衡状态，同时也会提供更多的有利时机（或不利时机）。

```
B
B
B
BC
BC
BC
BC
C
C
C
C
C
C
C
CD
D
D
D
D
D
DJ
DJ
DJ
DJ
DFJ
DEFIJ
DEFIJ
DEFHIJN
DEFHIJKLN
DEFGHIJKLN
DEGHIJKLMN
DEGHIJKLMN
DEGHKLMNP
EGHKLMNP
EGHKLMNP
EGHLMNP
HM
HM
HM
M
M
```

来源：版权所属：2006 CQG 有限公司。全球版权所有。www.cqg.com

图 1.5 市场失衡期剖面图，体现了市场上不对称的机会

通过芝加哥期货交易所的市场剖面图来重组和分析市场生成信息，就是要发现风险高于潜在回报的时机。不对称的时机是由人们的非理性行为引起的，例如从众心理会促使价格偏离价值。在后面的章节，我们会着重阐述如何利用市场剖面图分析工具和行为金融学（这也是可以参考的神经经济学）。关键是要寻求可靠、客观的信息渠道。在多元化、全球化、技术进步和不断增加的交易者和大量的外在因素不断地带来变化，而促使市场变得更加复杂。接下来，本书将要介绍你如何可以更好地理解和分析信息的客观渠道——也就是市场本身。

人们改变了市场，市场也改变了人们

本书所论述的核心是变化，介绍了变化的本质，因为变化关系到市场本身、各类市场及不同时段下的市场，从宏观到微观、从大的投资机构到几十年都持有头寸的投资者和那些跟随市场每日动向的交易者都会经历变化。本书中涉及的内容适用于个体交易者、资金管理机构、主要金融机构的私人交易单位，以及新兴的可选投资交易所。

对于所有的市场交易者来说，金融世界在过去的 20 年间发生了翻天覆地的变化。这种变化可以为你带来好处，可惜的是大多数交易者都没有发现这种变化的存在，或者放弃跟随这种变化趋势，因为他们都认为（或者说是期望）过去适用的原则在将来仍然适用。

本书的作者认为，如果你希望更好地控制风险，就必须首先了解人们改变市场及市场改变人们的方式。我们会努力探索变化的本质，展开有关现有范式的整体讨论，详细了解如何在一个变化莫测的市场环境中获取稳定收益的位置。

《驾驭市场——成为交易过程中的盈利高手》最后还提醒你，你最可怕的敌人就是你自己。

第二章　信息

目前的变化相对简单，信息重组后，其影响会发生变化。

——麦尔克姆·格兰维尔，《投资窍门》

在第一章，我们讨论了变化在市场中所起的核心作用。我们认为人们在改变着市场，而市场也在改变着人们。现在让我们来关注一下信息，也就是变化的衍生物，它是唯一可以证明变化是唯一的市场恒量。

信息只有被人充分利用才能发挥其作用。对于某一条信息，人们会有不同的反应，有的人会选择接受。我们会发现自己总是努力在"领导者"和"追随者"两个角色之间不断转换。为了进一步说明这个概念的重要性，你可以假设要和五个人一起分享一条投资信息，会发生什么情况。这五个人中一定会有一个人会在不加求证的情况下迅速行动起来，而其他四个人可能会在一段时间之后才做出反应，他们要等待证据来证明这条信息可以带来实际利益。在《投资窍门：小变化大改变》(波士顿：雷特 & 布朗出版社，2000) 一书中，麦尔克姆·格兰维尔提出了"扩散模式"，也就是将个体投资者分成几大类，包括革新者、早期适应者、早期适应群体、晚期适应群体和落后者。这五种类型的划分，可以帮助我们更好地了解各类交易时段之间互相作用是如何影响市场的竞价过程，在下一章我们会详细讨论这种影响。但是，首先让我们来探讨一下两种影响所有投资者行为的主导信息类型：基本信息和市场生成信息。

基本信息

　　基本信息包罗万象，从深奥的康德拉杰夫的波浪理论和 S 型曲线理论，到基本的人口统计数据和商业宏观循环研究不等。基本信息帮助你分析长期牛市中不断扩展的价格收益和长期熊市中不断压缩的价格收益。这类信息表明，丰厚的收益并不一定会促使股价上升，有些时候市场强势上扬，而价格收益的增长却相对缓慢。当然一些有关行业部门、产业和个体公司的基本信息，可以表明盈利、卖出、保证金、增长率和上市活动的发展。

　　仔细说来，有多项研究表明，基本信息要在相应的环境下进行分析，从而保证一种关联性。例如，当美国中期国库券十年标准收益如果从 7% 下降到 5%，以及从 3.5% 爬升到 5%，你的审视角度是不同的。这就是环境的问题。

　　我们现在来举一个真实的例子，进一步了解环境在信息分析中的重要性。2000 年早期市场发展达到一个顶峰，几年后，通货膨胀率保持了几个月的低增长，经济增长也放缓，这也使得专家们开始讨论有关衰退或"恶化"的问题（而近期刚刚遭遇过经济低迷期的日本成了参考对象）。2004 年后期和 2005 年早期，市场开始显现的通货膨胀迹象被视作一条利好消息，温和的通货膨胀表明我们不太可能会陷入经济衰退的境地。2005 年后期，公债逐渐成为经济新闻的头条，由此表明通货膨胀得到抑制，实际回报也成为可能。这就是环境问题。正如，一条鱼如果在岸边跳跃，看起来就是无助且愚蠢的行为，但是同样的动作如果在水中进行，就会变得优雅且有力。

　　另外，某一特定时期的经济大环境下，无论通货膨胀是否为利好消息，都必须考虑个人所处环境。也就是说信息的分析，取决于一个投资者的"交易时段"（包括投机者、日内交易者、短线交易者、中期交易者和长线投资者）。从长远角度来看，一家公司的收益报告是积极的，但是同样的一份报告在急于求成的短线交易者看来可能是消极的。

支持基本信息价值研究的文章不计其数，但也有文章认为，这项研究漏洞百出，充满偏见，会对市场投资表现带来消极的影响。因为分歧的存在，所以有必要在这项研究的精确性和其对证券期货价格的预测能力之间进行区分。我们可以准确地分析某条基本信息（也就是说分析师可以精确地分析一家公司的收益），但是市场对于这条信息的反应却是无法预测的，当然，这并不是说这项分析存在问题。从事基本信息分析研究的公司都不是以投资为目的，多是从另一个交易时段的角度进行研究，或者为某些利用信息生成新行业的机构客户进行服务。虽然有很多人都希望这些公司可以给出准确的预测，但它们毕竟不是预言家。

诺贝尔奖获得者丹尼尔·卡纳门以这种方式总结环境的概念："人们总是无法客观正确地评估信息，他们总是过分看重这些信息，尤其是他们自己搜集的信息。"交易者的周围充斥着五花八门的信息，所以他们很难在一个"正确的环境"下分析所有的信息，特别是现在，人们越来越注重短期收益。结果，信息被滥用于分析所有的情况，判断人们想要得到的点位和交易部位。

掌握基本信息很具有挑战性，典型的例子就是"格林斯潘的难题"。2005 年，美联储前主席艾兰·格林斯潘一直对一个现象大惑不解，也就是为何在前一年调高的利率没有带来固定收益证券的变化。当然，后来他遭到许多相关专家的嘲讽。而同期，许多著名的大型金融服务公司也都遭遇了同样一个难题。专家们预计固定收益市场的运行是可以预测的，所以纷纷出书立著，但实际情况并非如此。本书的主要目的之一是解释如何利用市场生成信息来帮助你解释这个"难题"，你可以让格林斯潘先生和诸多当代的专家都自惭形秽。

理性？非理性？

卡纳门和特文斯基认为投资者都是非理性的，而这种非理性是可以预测的。但问题是"非理性"这个词可以准确地描述这一行为吗？假如你在赌马场上，计算了成功的所有几率，仔细阅读了专家的建议，并完成了你自己的分析，分析的过程受到诸多因素的影响，你可能会选择那匹恰巧与你的母校同名的马，你也可能会选择那匹在上三场比赛中取得名次的马。在比赛开始之前你会下好赌注，然后集中注意力观看赌马比赛。

如果我们改变一下规则，在赌马已经开始之后再让你下赌注，那会发生什么情况呢？此时我们会看到人性的另外一面。所有的相关信息都集中到这样一种情形下，如果你想要下注的马正处于领军状态，你会做出什么样的决定呢？如果这匹马在第二轮丧失了动力，你会怎么选择？实时信息会对你的赌注习惯产生什么样的影响呢？

从人性的角度来看，我们可以预计，人们更愿意将赌注压在那匹遥遥领先的马，如果将赌注压在了跑在最后的马上，那么将会一无所获。如果同样的行为出现在金融市场上，是否是非理性的呢？把赌注押在稳操胜券的投资项目上，其实是一个非常理性的选择。这一现象就是"趋势投资"，这也是短期市场趋势的主要动力。对某一项逐渐加大赌注会使得盈利几率不断降低，而当市场达到价格底限后，对后趋势投资者来说盈利的几率也在不断下降。

跑道上的标志显示的是市场改变人们行为的方式。赌马场的跑道和金融市场之间存在一个重要的区别：赌马场有指定的起点和终点，而金融市场的运行从来都不会停止。在这样一个不断变化的环境中，上述行为对于"趋势"投资者和"价值"投资者来说都是绝佳机会。（价值投资者在市场的多头期，以某种标准来寻求贬值的证券，也就是一种低市盈率、低市净率、大额现金等）我们将在后面详细阐述如何把握这些机会。

市场行为无论是理性还是非理性，都是个体投资者、规则和交易时段的集合。它受到无数的信息源和反复无常的人性的影响，很少有个体投资者或投资机构能摆脱这种复杂的组合因素的影响。当今的市场往往受到短期趋势的影响，因此盈利是一件十分困难的事情。

市场生成信息

本书的写作前提是市场生成信息和基本信息综合作用可以带来难以预料的益处。市场生成信息是通过观察当前市场环境下的实际市场秩序变化来实现。要清楚信息的来源，首先要了解市场总是处于高低起伏之中。这种双向的竞价过程使得市场的所有参与者都可以自由表达其对于金钱的观点，无论这种观点是如何获得的。竞价过程可以在某一固定时间，高效地建立一个引导交易走向的公平价格，而市场集体意志的表达也使得客观的市场生成信息不断地变化。

为了更好地处理我们在本书前言中提到的信息，我们要使用芝加哥证券交易所的交易者都支持的一种分析工具，也就是"市场剖面图"。市场剖面图不是一个交易体系，也是不可预测的。它只不过帮助你观察市场运行的结构，使你可以更精确地了解目前控制市场动向的交易时段。"时段控制"概念是贯穿《驾驭市场——成为交易过程中的盈利高手》一书的主题。

我们刚刚说过，包罗万象的市场中蕴涵着各类影响、消息源、世界及政治事件和各类参与者。当竞价在市场中不断发展，我们可以通过市场剖面图分析，综合掌握所有可用信息（以及观点），因为这种认识基于市场的实际秩序变化。市场生成信息经过合理的组织和分析，可以极大地简化市场的无限复杂性。这类数据提供揭示市场动量的强弱的相关线索，可以帮助分析有关变化动力的核心信息。

客观地分析市场活动十分重要，现在让我们来重新回顾基本信息存在的潜在缺陷。假设一个分析师详细、系统地对一家公司进行了研究，并得出结论，认为这家公司将在下一个季度保持强势上扬。但是这一基本信息不能传递的是，这家公司的股价是否已经反映出实际情况。或者说这家公司所经营的产业已经面临崩溃的边缘，所以基本没有人对于这个领域存在兴趣。除非是在适当的环境下，否则即使报告的结果是积极正面的也毫无意义。你要考虑到，诸多信息的叠加才使得基本信息具有关联性，即使是计算上的些微失误都会在投资上造成严重的后果。当然，投资者和基金经理人必须要了解一些基本指标，但是如果想要通过设定一个目标来确保所有的指标都可以预测市场活动是不现实的。

假设你买了一家业绩良好的公司的低价股票——其实你买入的是价值——但是，价格在相当长的一段时间内保持平缓走势。这种情况其实很常见，这就是为什么许多投资者都选择等待，直到他们的买入决策得到了价格趋势的验证。使用市场剖面图分析工具，在价格动向反映市场结构之前，你就能从中发现一些验证信息（可能是正面的，也可能是负面的）；而你可以从中获益，在交易中确定一个有利的点位，也可以及时退出一场可能带来损失的交易。

在我们对市场剖面结构进行详细描述之前，先来对"交易过程"下个定义，在我们目前的讨论中，这个词就等同于"投资过程"。无论潜在的投资时间长短，交易过程都是一个期待、计算时机、发放指令来从变化中盈利的过程。

竞价

竞价由三个基本元素组成：价格、时间和交易量。价格是竞价中的一种机会宣传手段，时间则不断地调节每一次机会，而交易量则用于衡量每一次竞价的成功率。任何一次竞价都包括需要卖出的商品、有购买倾向的竞价者和试图卖出商品的卖家。价格是一种在参与者中间平均分配商品的机制，交易量和价格的不对等让我们可以清楚地了解，参与者是如何心甘情愿或不情愿地获得或放弃所有物。有些人愿意以公平合理的价格放弃他们的所有物，而有些人发现价格偏离了价值才参与竞价活动。观察了所有成功的金融交易，我们发现并非所有的价格都是平等的，而确定一个公认的"公平价值"有助于理解某一特定市场的潜在动力（沃伦·巴菲特很多年前就提出了这样一种观点）。市场剖面图，从本质上来说，可以帮助确认价格和价值的关系。

公平价值

公平价值就是一种获得最大交易量的价格水平。在我们继续论述的过程中你会发现，公平价值在不同的时段下有不同的关联性。总体来说，市场只有在单日时段内有"公平"可言，而单日时段内的公平价值，如果从长远的观点来看也是不公平的。随着双向竞价过程在市场中逐渐展开，投资者们就开始不断地寻找买家和卖家之间的相关信息（就像制造商和批发商总是在不断地搜集彼此的相关信息，以求利益最大化）。一旦有一方发现有利可图，就会努力改变价格，使得其偏离公平价值，以谋求利益。这种互相矛盾的活动长期存在，市场剖面图则通过柱状图或分配曲线记录了竞价的结果。

从历史上来看，为了便于观察和理解，科学家总是利用柱状图来表示数据。彼得·博恩斯坦在他的《逆势而行：一次伟大的冒险》（纽约：约翰·威雷 & 桑斯出版社，1998）一书中这样说：通过数据式测定冒险活动（如同开通一条去西印度的商贸通道）中的潜在风险和回报，"曲线或钟型曲线促进了人类文明的演进"。

随着市场信息系统的不断发展，人们创造了市场剖面柱状图，这是一个双向的竞价过程，通过竞价的方式来实现交易量的公平分配。交易量，或者说是竞价活动，决定了价格与价值的差异是否在承受范围内。例如，在某一天的竞价中，如果价格远低于价值，卖家垂头丧气；但是如果价格远高于价值，买家也快快不乐。双方各自建立起一个"价值区域"，任何偏离价值的行为都会导致竞价活动的中止，直到价格逐渐接近价值，竞价才能继续。这就是"均值回归"的过程。同一个市场的另一个交易日，价格或高或低地偏离了价值却促成了更大的交易量，而没有导致竞价活动的中止，这样一来，参与者就会重新评估自己的价值衡量标准（通过均值回归进行交易的投资者会发现，当偏离价值的行为取得成功，他们无法承受相应的收益率）。我们可以解释，博闻广识且有丰富的剖面图分析经验的交易者，如何通过观察剖面图对于时间、价格和交易量（这些是真正的市场行为基本元素）之间关系的描述，及时把握住这两种形势的发展。

上述的讨论我们特指的是单日交易，其实这个理论适用于所有的交易时段。我们还没有讨论的交易时段包括投机交易、单日时段、短期时段、中期时段和长期时段，这些我们之后会详细阐述。

市场剖面图的基本原则

提示：下面的部分简短地讨论了市场剖面图的建立。如果想详细了解剖面图建立和结构，可以参见《关注市场》和本书中其他的相关章节，以及后面的参考注释。

剖面柱状图的建立需要一个常量和一个变量。市场剖面图中，时间作为常量，用横向轴线来表示，而价格和变量都分布在纵向轴线上。你可以用时间间隔和任意一个流动的金融市场来建立一个市场剖面图。为了清楚起见，我们选择勾画一个单日时段下的竞价过程，按照30分钟为一个时间单位，将其分成多个部分，每一个部分用一个字母表示。市场不断地经历不同价格点，而字母则指示价格出现的时间段。一段时间后，字母（也就是时间价位机会 TPO）不断积累，形成了一个单日分配曲线图。需要强调的是，这一概念适用于任何时段下的竞价活动。

图 2.1 显示了一个相对平衡的市场的钟型曲线。在分配曲线的中间位置出现了价格积累（也就是大额交易量），而在两端出现了消耗性积累（也就是小额交易量）。当你熟悉了市场剖面图的发展方式后，你会发现要先完成柱状图——也就是最佳交易方式——然后再完成单日交易图。如果想完成图 2.1 所示的有效交易，可以采用"均值回归"的策略，因为市场上已经形成了一种价值共识（下面的整理形态中有所强调）。

图 2.2 显示了同样的一个剖面图，只不过改变了一下时间单位，这

样你可以清楚地看到每段时期内市场运行的具体位置。

```
Y
yA
yABL
yzABKL
yzABDK
yzABCDEFK
BCDEFGHJK
BCDEFGHJK
BDEFGHIJ
BDGHIJ
HIJ
HI
H
```

图 2.1 平衡后的市场剖面图，表现了 TPO 的对称分布

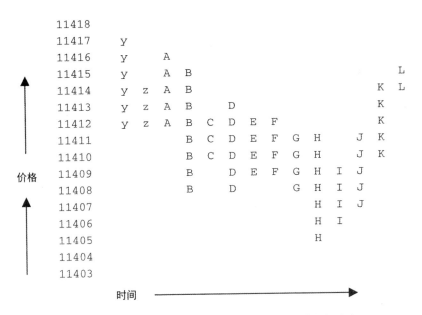

图 2.2 以 30 分钟为界，将图 2.1 中的市场剖面图进行切分

　　除了这种单日时段下的分配剖面图，有经验的投资者还会考察长期的剖面图，以便掌握市场活动的长期趋势。长期的柱状图显示的是中期竞价会出现在一个整理型市场，还是一个趋势型市场环境中。整理型市场——也是一个平衡型、区间型、交易型或横向盘整型的市场——是由范围交错重叠的几个单日交易形成的。趋势型市场显示的是，当价格和价值不断上涨或下降时，趋势却不再重叠。我们下面要进一步阐述价格和价值之间的关系。

　　投资者与最重要、最具挑战性的市场评估的较量，决定了一个市场究竟是整理型还是趋势型；而这一决定更具挑战性的一面，就是整理形态和趋势形态都与时段有关。投机趋势绝不会影响到一个长线投资者，而对一个日内交易者来说，上升的趋势不过就是一系列高低点位上扬的30分钟时段的集合；但对于中期投资者来说，这一市场活动并没有显示趋势，因为这一活动保持在中期整理形态和交易形态的区间范围的中间位置。对于中期投资者来说，在一个长期稳定的市场中，趋势就是在一个较大的交易区间的两端之间的波动，而分析这种形态的关键就是：环境、环境、环境。

　　上面谈到的"价值区域"是市场剖面图的一个基本元素，实际上是价格的变动区域，包括了剖面图上70%的时间价格机会（TPO）——也就是在单位时间内价格的最大积累。价值区域以最大交易量的价格为起点——也就是最长的水平线——并且计算位于最大交易量价格上方的两个价格点位的交易量之和，并将这个数值与下方的两个价格点位的交易量之和进行比较，最大交易量和两个交易量，就成为价值区域的一部分，不断继续这个过程，直到70%的交易量都计算完毕。图2.3显示了这个过程。

Price	Volume		TPOs	Selection Order
100-04	A			
100-03	A			
100-02	AL			
100-01	AL			
100-00	AL			
99-31	AL			
99-30	AL			
99-29	AL			
99-28	ACGKL		10	4
99-27	ABCGK			
99-26	ABCGHK	16		2
99-25	ABCDEFGHIK			
99-24[a]	ABCDEFGHIJK		11	1
99-23	BCDEFHIJK		16	3
99-22	BCDEHIJ			
99-21	BCDJ		4	5[b]
99-20	BCD			
99-19	BC			
99-18	B			
99-17	B			

[a] 时间价格机会的价格高点
[b] Only the closest price is used since it fulfilled the 70% or better volume requirement.

注意:
Total TPOs = 78.
70% = 54.6 or 55.
价值区域从99-21到99-28（73%）
比较一下，交易量价值区域从99-20到99-30

来源：版权所属：2006 CQG 有限公司。全球版权所有。**www.cqg.com**

图2.3 价值区域的计算

需要注意的是，价值区域代表的是一个背离标准的过程。这种特点使得你可以将价格与价值区别开来，这也是投资的基本原则。当价格位于价值区域内，可以认为价格和价值相同。当价格位于价值区域之外，则被认为是背离价值的行为。无论你现在位于何种时段内，一旦价格偏离了价值区域，一般会出现两种情况：一是这种偏离被接受，具体表现是时间价位机会在新水平上进行积累，而剖面图的形状会发生改变和价值区域也会发生移动；二是这种偏离遭遇排斥，此时价格会回归价值区域，交易量的分配不会产生变化。当价格变动促使价值区域发生转移，趋势就形成了。当价格不断变动，回归了一个稳定的价值区域（也就是这个价值区域内所有的价格都位于特定参量范围内，且持续数月）时，整理型市场也就形成了。

价格

```
128440  JK
128400  JK
128360  JKBBE
128320  JKLBCBCE
128280  GJLMBCBCE
128240  GJLMNPBCBCDE
128200  GJJLMNPBCBCDE
128160  GHJKLMNPBCBCDEF
128120  GHIJKLLDJLMNPBCKBCDFG
128080  GHIJKLLDIJLNBCVJKBCFG
128040  GIKLLBDICHJKBFGHJ
128000  KGLLMBCDICGHIJKFGHIJK
127960  KGLLMBCDICEFGHIJKFGHIJK
127920  KGKLMBCDFHICEFGHIJKLNFHIJKB
127880  KIBDFGMKLMBCDFHICEFGIJKLNPFIJKLBC
127840  HIBCDFGMKLMBCDFGHCDEFGIJLMNPFIKLCDGBC
127800  HIBIBCDEFMKLMNBCDEFGHCDEFILMNPILNBCDGBCD
127760  HBBCDEMKLMNBCEFGHCDELMPLNBCDFGHBCD
127720  HBBCDEMKLMNPBEFGHCDELMPLMNBCDEFGHBCD
127680  HPBBCEMKLMNPBEFHCDELMLMNPBCDEFGHIHBLMNPCDE
127640  HPBBCEMKLMNPBEFCELLMNPBCDEFHIEHBCHIJLMNPDE
127600  HPEBNBCEMNKLMNPBEFCMNPBCDEIDEFGHNPBCEGHIJKLMNPE
127560  PBCNBCMNKMNPBCMNPBCDEIDEFGHINPBCFGHIJKLMNPE
127520  PBIJDFNBCMNKMNBMNPBDIJCDEFGHIMNPBCDFGHJKNE
127480  EFBIPDFNBCMNKNPIJCDEGIKLMNBDEFGKE
127440  EFBIPCDEFNPBCNKNPIJCDIKLMNDEFE
127400  FBIKPDELPBCNPKPIJCIEJKLMDEEF
127360  BBDIKPDELPNPKPIJCIEFJKLMDEEF
127320  BCBDIKPBDEKLNPBCDKJBCIJKBEFGIJKLDF
127280  BDBDGPBDEHKLNPBCDBCKJKBCIJKBDEFGHIJKLDF
127240  CDBDPBHKBPNBCDFLBCDKJKBCIJKBCDEFGHIJLF
127200  DDDHIKBHILPNBCDFGKLBCDEKJKBJKLBCDEGHIF
127160  DHIHILNPNBCDFGKLBCDEKJKIBJKLBCDEGHF
127120  MNCEHFHIHIJLMNBCDEFGKLBCDEFGJKKHIBJKLNBCDEHF
127080  MNHEEFHLMNBDEFGKLMNBCDEFFGHIJKKLHIJBJKLNBCDEF
127040  MHIEFCHKBDFEGJKLMNCDEFCFGHIJKKLGHIJJLNPCDFG
127000  MPILBCBDFHEGHJKMNCDEFMNCEFGHIJKKLMGHIJJLNPCDFGH
126960  BCBCDCDEFGDEHJKMNDEFGMNCDEFIJKKLMBGHJKJLMNPCFGHI
126920  JMBCDBCDDFGDEFGIDEHJKMNDFGMNPCDEKLMBGHJKLLMNPGHI
126880  BMPBCDBCDDEGDEFGIDHJKMNGMNPBCDLMNPBCFGHJKLMMGHI
126840  MBCDBCDDEGIDHIJKNPGLMNPBCDLMNPBCEFGKLLMNGHI
126800  MBCDBDDEGIDHIIJNPGLMNPBCMNPBCDEFGKLMPLMNGILM
126760  PBCBIDHIBEIJNPGHLMBMNPBCDEFGKLMNPLMNIILCLMNB
126720  PBCBIBDIBEHIJPHLMBMNPBCDEFGKLMNPLMIKLMCKLMNB
126680  KBCIBIBDIBCEFGHIHLNPCDGMNIKLMBCFKLMNBEFHIK
126640  KCBINPBDIJBCEFGHHIKLCDMNIJKLMNBCFJKLMNBCEFGHIKL
126600  BINPBDIJBCEFGHHIJKLCDMNIJKLMNBCDEFGJKMNBCDEFGHIJKLM
126560  GKBJNPBDIJBCDEFGHHIJKLCDMNIJKLMNBCDEFGHIJKNPBCDEGHIJKLMª
126520  PFGKJNPBDIJKNPCDEFGHIJKCDMNIJKLMNBCDEFGHIJNPBCDEGHJKLM
126480  NPIFGJKJKLNBCDIJKNPCDEFGIJKCJKMNBDEGHIJNPCDEHM
126440  NJKKLNBCDIJKMNPCDFGIJKCJKNPBDEGHINPCDM
126400  GJLKLMNBCDIJKMNPCDFGIJJKNPDHPDM
126360  LMKLMNBCDKMNCDFGJNPDM
126320  LMKLMNBCKMNCDJPDM
126280  CLMKLMKLMNCDPM
126240  MNKMKLMNPMN
126200  ELMBMNMKLMNMN
126160  EBNKLMMN
126120  DNKLMMNP
126080  DNKLMNP
126040  DNPLMNP
126000  DHNPLP
125960  HNPLP
125920  FHNPLP
125880  FNPP
125840  BCP
125800  B
```

时间 ——————————————————————————→

ª 时间价格机会的价格高点

来源：版权所属：2006 CQG 有限公司。全球版权所有。www.cqg.com

图2.4　中期市场剖面图：2006 年标准普尔 500 期货合同，2005 年 11 月 21 日到 2005 年 12 月 29 日

图 2.4 显示的是从 2005 年 11 月 21 日到 12 月 29 日的标准普尔 500 指数期货合同剖面图，也就是一个 27 天的中期交易整理期，范围是从 1257.50 到 1284.70。在这段时期内，市场经历了从高到低，又从低到高的五次起伏，中间也出现了短暂的下跌和回升，而从高到低的下跌在 2005 年的最后一个交易日形成了一次向下的价格突变。

图 2.4 的显示的是在剖面图的较低位置，出现的一个最长的水平线——代表的是最大交易量。现在回忆一下如何计算价值区域，我们计算了位于最大交易区域（也就是控制中枢，或者说是 POC）上下的交易量之和，你会发现，控制中枢在这 27 天的时间范围内出现了下降，而这也预示着价值区域也被迫下降。如果不是综合（也就是考虑到时间、价格和交易量等因素）来看，就无法了解被骗局掩盖的市场实情。专家们，特别是 CNN 的分析师们，都认为出现"圣诞老人行情"（也就是从圣诞节到新年的一段交易时期）的几率很大。如果你打开电视，就一定会看到大谈回升的专家们。如果回升趋势真的迫在眉睫，那么控制中枢也会出现回升，而不是下降。市场剖面图中所显示的交易量，与所谓的专家预测大相径庭。

解密市场行为

市场剖面图是一个有力的市场结构分析工具。图 2.1 显示的是一个钟型曲线，而图 2.4 显示了偏离到剖面图底部的交易量。单凭价格是无法区分一个价格趋势偏离价值的市场，以及一个从整理形态过渡到趋势形态，或是从趋势形态过渡到整理形态的市场。精明的交易者，也就是那些可以保持长期盈利的交易者，总是能够迅速适应基于整理型/趋势型市场的不同策略。能够有效组合市场生成信息的投资者，可以清楚地判断当前的市场行为是属于中期整理形态还是长期整理形态，或者只是某一趋势形态。对两种类型的市场，在分析策略方面有所不同，我们会在后面的章节详细阐述。

为了及早确认变化，而采取行动，处理信息时你要具备创造性、灵活性和创新性。在解释市场活动的基本信息时，要清除头脑中泛滥的矛盾信息。渴望常胜的个体投资者或机构都必须要学习和研发新的投资方法，要经常对现状进行质询，温习标准操作方法并扩展知识框架。

市场剖面图为市场活动提供了一个客观且直观的结构图，其反映出的是所有时段下的投资行为和市场参与者的情况。一旦你掌握了剖面图的解读方法，市场的所有行为就会变得一清二楚。在市场做出反应，丧失机遇之前，你要加深对市场的了解，学会利用市场反应，在这个过程中你一定会有所收获的。

第三章　时段

掌握知识是需要的，了解什么是正确的环境至关重要，而了解哪一个才是正确的点位则决定成败。

——雨果·樊·霍夫曼斯德尔

市场的各类参与者，无论是日内交易者还是长期的投资组合经理人都会受到变化的影响。第二章提出，我们都不同程度地受到不断变化的证据的影响，或者说是缺少证据的支持，这一结论是随着时间的流逝逐渐显现的，而我们的决定也会相应地发生变化。建立市场大局观的下一步就是要挖掘市场参与者的时段的意义，以及在这些时段下交易量的分配。当你了解各类时段共存且相互作用的方式，并清楚地知道这种相互作用会形成交易量分配，并显示了在市场演进的过程中，每一个时段背后的动力，那么你就要准备开始评估市场的风险和机遇。

了解交易量分配的重要性，我们先观察一下汽车产业和房地产业。通用汽车公司是一个拥有长期时段的汽车制造商，而我们这些客户则是长期时段的汽车购买者。（"长期时段"指的是通过行动对市场做出长期承诺的参与者）当然，我们也不是从通用汽车公司直接购买汽车，而是直接去当地的独立经销商处进行购买，这些经销商就是在一个中期时段（中期时段指的是哪些行为和承诺期相对较短的市场参与者）内进行交易操作。各类不同的时段相互作用，我们则需要仔细观察交易量在其中所扮演的角色，这个分析结果适用于任何金融市场。

通用汽车公司向经销商出售一台汽车，然后经销商将这台汽车卖给一位个体交易者。在这个过程中，所有的市场参与者都得到了满足。但是，真实的交易并没有这么简单。让我们再扩展一下，假设通用汽车公司向经销商出售了 50 台汽车，但顾客只从经销商处购买了 34 台。此时，经销商开始有了存货，所以他不得不提供更大的折扣以增加销售量，平衡库存。

当经销商发现他的库存越来越多，就会缩减与通用汽车公司的交易。如果全国的经销商都遇到了同样的滞销问题，通用汽车公司就会出现大量的存货。为了保证销售和生产的正常进行，通用汽车公司会逐步向经销商和个体购买者提供优惠。

数年来，诸多知名研究者和经济学家都没有认识到不同时段内的交易量分配的重要性，也没有发现不同时段存在的意义。例如，最近一位权威的经济学家表示，买与卖是相互依存的。也就是说每一次销售行为都会伴随着一次购买行为，这是显而易见的，但多数人都不知道，买入和卖出行为背后所存在的时段关联性。这条重要信息包含了市场未来潜在走势的关键内容。

通过上面这个汽车产业的例子，我们知道交易量是一个常量，也就是说每一个卖家都会对应一个买家。但是，通过了解时段的概念，我们发现交易量与价格走势直接相关。经销商和通用汽车公司持有了大多数的库存（交易量），所以他们会降低价格来吸引更多的长期购买者。

再来简单回顾一下过去 5 年的房地产业，我们发现时段和交易量分配的重要性一目了然。利率下降，迫使贷款利率达到了历史新低，越来越多的家庭（也就是长期时段下的购买者）开始置办房产。随着房地产市场的升温，诸如托尔兄弟有限公司等建筑商（也就是长期时段下的卖家）开始签订建房合同，或者从事建筑投机活动，这些建筑商认为他们可以在火热的房地产市场中大卖盈利。他们在媒体中、兄弟间，甚至在咖啡馆内大谈特谈，此时的市场是一个"卖方市场"。股市的不景气、诱人的贷款利率，以及不断上升的房价，都向投资者传递了这样一个信息，就是此时的房地产业是一个投资的好选择。到 2005 年为止，随着房价不断地攀升，却有近 25% 的个体投资者（也就是中期时段下的投资者）买入了第二套房产。

我们现在进一步了解，房地产市场上的不同时段的参与者，以及观察他们如何推动竞价活动的进行。首先，在长期时段下的买家和卖家之间存在着平衡关系。当市场继续升温，两者之间出现了不平衡。建筑商（卖家）无法满足购买需求，所以价格开始上涨，以此来寻求一个新的平衡点。当价格上升（这也提供了一个宣传的机会），越来越多的建筑商开始进入该市场，他们或按合约建房，或投机建房。后入市的都是一些经验不足的个体投资者，他们此时的做法与五年前的技术泡沫期一样。没有经验的个体投资者会接二连三地贷款购房，希望可以在三到六个月后抛出，大赚一笔。由此，一组短期房地产交易者就出现了。最后，就像所有的竞价过程中一样，需求的不平衡发生了转移，而房地产市场也随之出现了供大于求的问题，这样一来，最短时段内的投资者手里积压了最多的库存。

这个有关房地产的例子与通用汽车公司的例子相似，区别仅限于两者涉及的产业不同。我们认为，所有的市场从本质上来说都是金融类市场——无论这些市场是由股票、债券、商品、期货、货币、房地产和汽车组成，还是由其他的一些商品和服务业组成——这些市场的操作方法都是一致的，就是它们都涉及某种形式的竞价过程，不同时段内的参与者可从中获利。

市场的竞价过程是一个公平分配竞价和出价的过程。在第四章中，我们会深入挖掘市场竞价过程如何发挥其信息披露机制的作用，以及如何通过价格的上下调节来满足供求。通过市场剖面图来观察竞价过程的第一步，就是要评估不同时段之间的相互作用以及投资者的态度。就像上面举过的通用汽车公司和房地产业的例子一样，证券市场的不平衡状态出现在不同的时段中，而市场也在不断进行自身调节以求适应。但是，与汽车和房地产业缓慢地库存积累不同的是，证券市场加快了积累和库存清算的速度，这使得对市场进一步评估变得更加困难。因此，市场生成信息和市场剖面图是极具分析价值的。

分解市场时段

本书所倡导的理念，是建立在对不同时段共存、交叉和相互作用方式的深入理解的基础上。理解的基础是对不同的时段，以及各自的内在动力进行定义。

投机者

投机者是以一分钟为单位进行交易操作的，他们不断地买入和卖出，希望从差价中获利。他们在一天之内可以进行多达数百次的交易，签订的合约可能多达上千次。典型的投机者就是那些在股票交易大厅内大喊大叫、推推搡搡、顽强坚守的人们，但是技术的进步和移动通讯的发展使得我们再也难以看到这样的情形。

投机者依赖于直觉，他们一边买入，一边向各类时段投资者卖出。他们对于市场的需求十分敏感，这种能力为市场提供了必要的流动性。正如你所想，这种最短时段内的投资行为与长期的经济理念背道而驰，而基本信息的获得也变得更加缓慢和困难。在投机者的世界里，只有竞价、出价和差价的概念。我曾记得，有一次，我的一位朋友，也是芝加哥证券交易所的同事打电话告诉我，当地一位最成功的交易者希望到我办公室深聊。就在我打算挂断的时候，我的朋友突然说："不要给他灌输大道理，他连债券价格和收益之间的关系都不清楚。他只懂得分析订单指令。"

日内交易者

日内交易者的入市和退市，都没有一个固定的交易部位。他们分析新闻报道、研究技术分析理论并阅读订单指令，希望可以做出正确的交易决策。他们还要处理各类问题，包括长期及短期项目的买卖、追加保证金通知、银行抵押期调整、美联储主席的演讲、政坛领导人和有影响力的投资组合经理人的"重要宣言"。对于任何坚信市场理性本质的人来说，日内交易者在决策前所需要分析的繁杂数据，他们都需要花上一天的时间才能慢慢消化，然后做出反应。

这类投资者通常将注意力集中于浩如烟海的技术信息上，他们偏爱数字、水平线及各类广告。与投机者相似的是，日内交易者的投资行为加快了市场的流动性，而他们同时也为之付出了惨重的代价。

短期交易者

短期交易者的交易时间一般会多于一天，但是通常不会超过三到五天。目前还没有科学实证支撑这个观点。20 世纪 80 年代末期，我在芝加哥经营一家贴现经纪行时，就开始观察这类交易者的投资行为。短期交易者，包括日内交易者，常常在大量的数据中挣扎。不过，他们更关注的是技术和经济类基本信息。他们通常会密切观察出现价格重叠现象的多时段交易日，在等待突破出现时，尝试性地低吸高抛。他们喜欢使用市场趋势指标，时刻紧盯着趋势线和交易渠道，计算着买入和卖出的时机。他们影响着市场行为。他们有着灵活性和较强的适应能力，所以总是能对短期的市场趋势做出及时反应，并从中获利。

中期交易者/投资者

中期交易者/投资者与短期交易者的区别在于，前者的投资眼光更为长远。这类投资者常常被称作"振荡交易者"，因为他们总是在关注中期范围内市场的上下波动。图 3.1 显示的是从 2005 年 11 月 11 日到 2006 年 2 月 16 日，标准普尔市场的波动。中期交易者很清楚，市场就像钟摆一样，在一个方向上摆动到一定程度就一定会改变方向。

来源：版权所属：2006 CQG 有限公司。全球版权所有。www.cqg.com

图 3.1　中期交易范围：标准普尔 500 单日柱形图，2005 年 11 月 11 日到 2006 年 2 月 16 日

图 3.1 所定义的交易区间，整理区域的发展为短期交易者提供了更大的发挥空间。影响中期交易者做出决策的是市场波动的幅度，而不是时间。在这些整理区域内，市场的流动性达到一个极致，因为无论市场朝向哪个方向波动，这类投资者或交易者都表现得十分活跃。

中期交易者常依赖于基本分析和技术分析，他们通常不愿意开拓新的投资领域，而选择在传统交易范围内进行操作。他们密切关注着市场趋势，当最长时段内的价格开始超越中期市场的承受范围，他们总是能够及时跟上趋势的发展。当这一现象发生，各类时段的交易者都开始一起行动，一个较长的趋势逐渐形成。

图 3.2 是标准普尔 500 指数每周柱状图，表示的是几种不同的中期交易区间。需要注意的是，绝大部分的时间内，市场处于重叠区间中

（也就是整理形态），而不是趋势形态中。这一现象十分典型。还需要注意的是，在中期整理形态包含了几个较小的交易区间，而这些整理形态（至少在这个案例中）的时长从八个月到一年不等。我们这里讨论的中期交易者的交易重点是，精确限定的中期整理形态中所包含的较小交易区间。本书的后几章将会为日内交易者、短期交易者、中期交易者和长期投资者提供交易策略指导。

来源：版权所属：2006 CQG 有限公司。全球版权所有。www.cqg.com

图 3.2 短期交易范围，包含在中期平衡区域内：标准普尔 500 每周柱形图，2002 年 4 月到 2006 年 2 月

图 3.3 显示：1. 单日竞价；2. 九天短期竞价；3. 4. 美国长期国库券市场出现的振荡交易的开始及结束。除了日内交易者，对其他几类交易者只是进行了概括性的定义，这些概念会随着市场活动和个体交易者/投资者的市场心理的变化而变化。例如，有些投资者以年为单位来定

义长期交易，而从事货币管理产业的人却认为这类时长其实是一个比较短的阶段。

图 3.3　日内竞价、较短时段和振荡交易：单日柱形图，30 年美国长期国库券市场

长期投资者

长期投资者喜欢长期持有手中的证券。他们积极地买入，并长期持有，时间从几个月到几年不等。他们在活跃时，喜欢在形势明朗的交易部位从事多头交易。敏感的中期交易者知道，一旦长期交易者进入市场，他们的购买量会很大，且持续不断。最近货币管理公司的规模越来越大，个体交易者——甚至部分交易者——订单数量惊人。事实上，一些中期交易者喜欢对长期投资者进行研究，了解他们所拥有的投资项目。当他们觉察到长期投资者的卖出意向，就会试图从价格波动中获利。当长期时段主导市场时，各类时段都会参与到市场活动中，在市场中造成一个大幅度的波动，由此形成一个主要趋势。图 3.4 显示的是在 2003 年后半期，标准普尔 500 市场的一次波动。那些没有把握住趋势转换的交易者，则无法在市场中继续立足。

图 3.4　所有的时间框及共同形成上扬的强势趋势：标准普尔 500 每周柱形图，2002 年 1 月到 2006 年 2 月

从一个较长远的观点来看，我们可以清楚地发现各类时段交易者是如何在市场中共存，共同行动并相互融合的。

1. 所有的交易者共同行动，形成了一个上扬的中期趋势。

2. 当市场开始出现了一系列的中期竞价活动，并不断地调整和寻求平衡时，长期趋势将突破顶点（暂时地），这是长期时段内的买家为市场提供的支撑。在单日、短期和中期时段从市场的正反两面推动竞价的过程中，作为竞价过程的长期价值是在较高的价格点位上建立起来。

3. 在一段平衡期后，长期时段下的买家在平衡区域上部进行竞价，而长期趋势也继续发展。

来源：版权所属：2006 CQG 有限公司。全球版权所有。www.cqg.com

图 3.5 多个时段共存状态：标准普尔 500 每周柱形图，2002 年 1 月到 2006 年 2 月

我们这里定义的长期投资者，常常负责开发新的投资领域，他们是趋势的引导者，是现状的改革者。这类投资者的投资并不一定占据市场的大多数交易量，但是常常会在市场中引发大规模波动。为什么呢？因为短期时段的特点是保持市场的流动性，而长期投资者则会在某一个领域投注大量的订单。也就是说，长期投资的资金更具"黏着力"。

长期投资者会观察一家公司的基本情况，包括其盈利能力、账面现金流、市盈率、人才配备、创新思想、定价能力、产业实力等等。他们甚至不会考虑那些推动短期投资决策的技术信息。

我们现在讨论的要点是，市场活动总会受到在不同时段和动机驱动下的参与者投资操作行为的影响。每一类参与者利用信息的方式也存在差异。

- 投机者清楚市场的关键参考点在何处，但是他们却只依赖于直觉和订单指令。
- 日内交易者仅仅依赖于市场生成信息，因为基本信息常常过于烦琐，且常与指导其日内交易过程的直觉相冲突。
- 短期交易者在观察市场生成信息的基础上，还不断补充最近的基本信息以及其对于市场动向的影响。
- 中期交易者依赖于基本信息和市场生成信息的有机结合。
- 长期投资者常常会首先分析基本信息，然后再对市场进行评估，最后观察市场生成信息，作为对市场活动和个人证券信息认识的补充。他们也会警惕市场上出现的各类增减调整，以及资金的流入和流出。

理解不同时段的本质和彼此之间的相互作用并非易事，只有掌握了这点才能做出成功的交易决策，但这个过程极具挑战性。这就是为什么你需要先了解每一种时段的本质，然后才能在头脑中构建这个概念，并在这个基础上加入新的概念——包括那些自相矛盾的概念。我们可以将《关注市场》一书分成五个部分去学习（从新手到专家），要更新市场观念，你需要先忘却一些以前的规则。但是，放弃了那些限制知识扩展的概念，你就可以理解并整合相关信息，进一步了解市场活动的范式。

在实际的交易和投资活动中，对不同时段的区分比描述更为困难。虽然我们对不同的时段进行了分别定义，但实际上，它们在市场中是共存、重叠且互相影响的。你需要学习它们之间存在的这种共存性、交叉性和互动性。这也是本书要解决的平衡问题。

当你继续观察市场活动会发现，随着时间的流逝，各类时段开始互相作用。交易活动需要灵活性，因为一旦某种模式逐渐清晰化，就会很快被另外一种相关模式所代替，而前一种模式就会最终消失。一个自律、理智且灵活把握市场趋势的交易者会放弃被淘汰的模式或习惯。投资者如果想要成功，必须要注意分辨哪些是可以改变市场大环境的综合因素。

时段是你决策的基础

如果你能够正确分辨哪一种时段在主导市场活动，并且清楚地认识到个人时段的表现方式，你就可以在交易、投资及有效控制风险方面处于有利的位置。

阅读本书你不仅可以了解，在一段特定的时间内究竟是哪一种时段在主导市场，还可以确定自己的时段，也就是适合你的投资风格的时段。这点很重要。如果你不清楚自己所属的时段类型，也不了解在其他时段活跃的情况下，你的时段是如何起作用的，你就会在纷繁复杂、相互矛盾的信息中迷失方向。例如，短期时段内的正确决策，在长期时段内可能是错误的，而你也会付出惨重的代价。一旦你可以清楚地定义自己的时段——以及你的时段与其他的时段共存、重叠及互动的模式——你就会更加自信，也更加自律。当市场与你的预期相左时，你也不会违背自己所设定的交易策略。你会从更为宏观的角度来看待市场，并不断地调整自己的交易部位，因为无论在哪一个时段内，一个有利的交易部位都是规避风险的关键。

第四章　竞价和指标

发现的真谛就在于，见前人未所见，想前人未所想。

——阿尔伯特·樊·森特吉奥奇

本章我们将会讨论影响市场活动的因素，包括各类信息，以及处理和应对不同信息的时段。我们将会在一个透明的环境下，观察这些因素是如何起作用的。这里的"透明"指的是"完全理解"，也就是说你的决策过程是清晰明了的。就算是在事态明朗的情况下，如果我们还是只见树木不见森林，仍然会在判断的时候犯下重大的错误。

市场剖面图将竞价过程重组成一个完整的整体，直观地将各类市场活动（包括时间、价格和交易量）呈现在你面前。剖面图是一个客观的组织工具，它不偏不倚地综合所有的信息，不会受到纷繁复杂、相互矛盾的市场指标的影响。总而言之，市场剖面图提供"透明"的信息，也就是所有市场的参与者都可以自由获得的信息，这些信息也是在某一体制下比较容易理解和获得的信息，以及反映固定市场活动的信息。

只有汇集市场生成信息的具体组成因素，我们才能使得自己的决策过程透明化——并且可以开始理解与未来市场活动相关的关键结构模式可能表示什么。

纵观历史，价格是透明性信息的主要组成部分。芝加哥大学的证券价格研究中心（CRSP）提供了数年来的各类指数、股票、证券，以及公共基金的价格数据。可是，价格脱离了当时的时代背景就变成了毫无意义的数字，因为价格背后的动机和目的都是没有规律可循的。这一系列的价格数据甚至会起到误导作用，因为我们还没有弄清楚一个关键的问题：一个特定价格是在交易量较大还是较小的情况下出现的？价格序列是出现在新兴行业中还是传统行业中呢？（传统行业特指空头补进和多头清算。因为其不会形成新的多头部位或空头部位）这一价格是否与时段紧密相关呢？在这一价格形成之时，市场将会向何处发展呢？我们知道，市场剖面图可以分析价格维度——这也是实现完全透明化的重要维度——来解决所有的问题。

在第二章中，我们了解了组成市场竞价活动的三个基本元素——时间、价格和交易量。我们认为价格仅仅是一种宣传手段，时间则是调节宣传机遇的工具，而交易量则可以评估每次竞价的成败。

我们还可以这样看待这三种基本元素：

- 价格是变化最多、最快的市场变量。
- 时间是一个包含所有竞价数据的恒量。
- 交易量也是一个变量，但是其变化速度比价格要慢（交易量反映了时间和价格的互动）。

寻找价值

为了更好地了解价格、时间和交易量是如何形成市场生成信息的，我们先假设你目前正在参与一个艺术竞价活动。在第一件竞价品展出之前，你坐在观众席上，思考一个最近一直困扰你的问题：交易活动是如何反映市场参与者的交易动机的呢？

此时灯光暗下来，舞台中心的光束照在了一幅漂亮的油画上，而竞价者也开始了煽动性的开场白。此时屋子里面气氛高涨。"这幅经典的风景油画，起拍价是 900 美元，"竞价者大声说道，"900 美元……900 美元？有人出 900 美元买下这幅精致的作品吗？"

你仔细地盯着那幅画看，认为这的确可以点缀卧室。此时也没有人竞价，所以竞价者压低了价格，等待第一个举牌的人："850 美元……850 美元！有人出 850 美元拿走这幅经典之作吗?"

因为第一次的价格无人回应，所以竞价者很快降低价格，直到有参与者对价格做出反应。很快沉默被打破了，竞价开始顺利进行，价格也超过了第一次的 900 美元："现在是 925 美元……现在是 950 美元……现在是 975 美元。"

当价格上涨到 1000 美元的时候，你感觉血往上涌，因为你真的很喜欢这幅画。于是，你举起了牌子，喊出竞价，竞价者朝你点头示意，然后继续通过高低变化的音调来煽动竞价的气氛，价格也一路飙升。如果竞价还在继续，那么价格就还会继续上升。这和金融市场的情况是一样的，没有人愿意成为第一个出价的人，因为这种行为是愚蠢的，会受到同行的嘲笑。

油画的价格最后上涨到 1500 美元，你认为画中的绿地可能会与你卧室中的毯子不搭，所以决定放弃。但竞价者却还在"煽风点火"，保持屋子里热烈的气氛。但是，你是一个心思缜密的聆听者，你发现他开始刻意"煽动"气氛，使得竞价活动看起来不断高涨。这一过程一直继续，直到最后一个竞价者喊出竞价，而竞价者也激情饱满地给出了结论："1875 美元，成交！"你为自己及时从这一骗局中抽身而感到庆幸，并将注意力转移到舞台上准备展出的下一件竞价品上。

上述的例子展示的是一个竞价品拍出的过程。如果这是金融市场上的一个交易过程，那么一旦最后一个竞价者出现，竞价就会朝相反的方向发展。850 美元的价格使得竞价得以继续进行，而此时，因为价格快速上升，所以价格/时间关系十分简单。当价格开始稳步上升时，因为多个竞价者认为竞价的价格合理，所以积极参与到这一过程中来，"价值"就得到了确定。当价格上涨速度放缓，而竞价者开始刻意让人认为此时的竞价价格还是合情合理的，此时价格/时间的关系也出现了进一步的深化，在价格范围上限的竞价者大多会对竞价做出过度反应，并最终会以高出价值的价格买入。

价值区域这个概念我们在第二章曾经解释过，其范围涵盖了70%的交易活动（这也是钟型曲线分配的背离）。在艺术竞价过程中，总是会出现一个底部竞价者和一个顶部竞价者。当然，位于中部的竞价者数量最多，这个范围内的交易量最大，因为油画的竞价过程反映的是一个"公平价值"区域。金融市场中，交易日末期的价值区域代表的是大多数日内时段交易者的交易区间。图4.1显示的是市场剖面图中心的价值区域。剖面图的顶部表示过高的成交价格，而底部表示的是过低的成交价格。

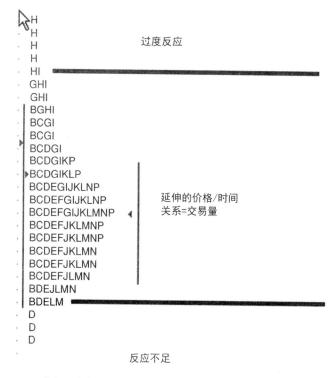

图4.1　价值区域以及其余价格、时间和交易量的关系

这个有关艺术竞价的例子当然不能代表金融市场中的所有复杂的竞价过程。每个交易日的市场都是由一些持续性的双向竞价活动组成，都

包含一个由高点、低点和价值区域组成的交易区间。这些指标的出现没有特定的顺序，也就是说，当日的高点会出现在开市时，也会出现在收市时，或者出现在两者之间，而在日内交易结束，市场剖面图完成之前，我们都无法对这些指标下一个明确的定义。通过大量的集中训练和实践，你可以在收市之前就清楚地分辨出可能出现的市场剖面图形态。

在我们进一步研究各类市场变量的综合作用之前，需要先了解接受思维的价值。避免一意孤行，不断地了解当前的市场活动，就需要形态分析。我们将要讨论的形态不是一成不变的。通过形态的学习，可以让你更清楚地了解在交易竞争中可能会出现的变数，帮助你抓住即将溜走的机会。

将某一个交易日与前一个交易日进行比较，你会发现一些变化。当市场处于稳定期内时，这种变化可能是微不足道的，甚至无足轻重的；而当市场趋势开始变化、出现失衡或者是正在呈现卖空状态、清算突破或其他的异常现象时，这个变化就会开始起作用。

从某种程度来说，每天的价格和价值都会出现差异。当价格偏离了价值，则会出现意料之中和意料之外的反应。当竞价价格上涨，需求会缩减，而价格最终也会回落到当日的交易平均值处。当价格下降时，供应会缩减，而竞价价格也会上升到当日的交易平均值或价值区域内。

现在回顾一下上一个艺术竞价的例子，我们会发现另外一个现象。一旦竞价持续进行，价格迅速超过最初的900美元起拍价，并一路飙升，直到竞价速度放缓，最后成交。在某些例子中，较高的价格和缩减的需求都会造成相反的效果。如果这是事实，竞价者就需要刻意地维持竞价现场的热烈气氛。你会听到他充满激情地说："新的竞价出现了！"高价会吸引到更多的需求，而不会中断竞价过程。这种活动预示着竞价还没有结束。正如我们已经说过的，所有金融类市场的操作模式都相似。如图4.2所示，上市的市场中同一现象会反复出现。

图4.2中，价格继续上升，中间会因为竞价者与新买家进行沟通而出现停顿，而买家对价值的期待也变得更高。

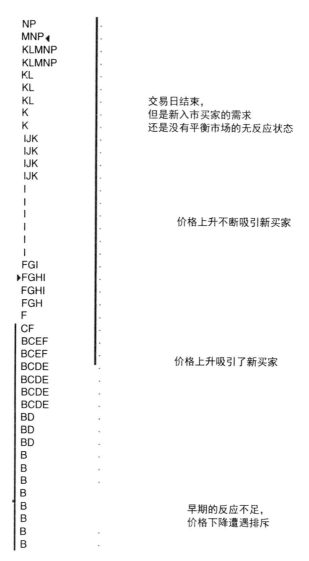

来源：版权所属：2006 CQG 有限公司。全球版权所有。www.cqg.com

图 4.2　价格上升吸引了新的买家

相关概念一览

在我们继续之前，先来回顾一下到目前为止本书中出现的重要概念。

1. 市场剖面图所反映的结构是在一个双向的竞价的过程。每一天的竞价都有一个价值区域，与前一个交易日（或前几周、前几个月）相比会有或高或低的数量变化。

2. 回顾剖面图的分析结果，我们会发现价格和价值之间的差别，所以我们开始认为价格正在靠近价值（见图 4.1），或者导致价值的升高（见图 4.2）。

3. 在大多数的交易日内，竞价可以让我们很快地发现哪一种价格与价值差别更大，会造成交易量的增加，最终使得价格回落到当日的平均值。图 4.2 中，我们看到了一种相反的情况——通常起拍价都会较低，但价格会在竞价开始时出现反弹，而且在当日绝对不会下降。价格的每一次上升都会不断吸引新的竞拍者，交易量的不断攀升就是一个有力的证明（也就是买方所接受的价值）。

4. 市场剖面图中所展示的结构就是实际交易中的结构，接受能力、注意力和实践可以让你在最终的市场结构形成之前就对其掌握得一清二楚。我们会在后面的章节详细论述这个问题。

到目前为止，我们所讨论的实际操作如下：

在单日时段下，市场处于平衡状态中，如果你想要买进，而竞价价格也出现下降，意料之中的情况也出现了——就是较低的价格使得供应速度放缓——然后你以较低的价格买进，也就是说你以低于价值的价格买进了商品。市场生成信息显示，此时你面前有一个机会。如果你等待价格上升到价值水平，你就可以在当天以一个"公平价格"完成你的购买行为（也就是说价格位于价值区域）。如果某一个交易日你在价格上涨到较高水平时买进，当天的市场在单日时段下处于平衡状态，那么就意味着你以高于价值水平的价格完成了购买行为。结果就是，你失去了利用价格来获取价值的大好时机。（见图 4.1）

如果你想要在市场下滑的早期买进并进入市场，你就可以用低于价值的价格买进商品。即使像后一个例子中一样，等待价格回升到价值水平，你也可以用公平的价值购买到商品。以任何高于价值区域（当日情况）的价格进行购买，你所购买的商品都会变得物非所值，因为是价格哄抬了价值。如果你有想要售出的商品，你的最大期待就是，卖出行为物有所值，但大多数情况下，你的价格可能会低于商品的价值。当你的购买价格低于商品价值，而售出价格又高于价值，利润就产生了。还有一种盈利的情况就是，你购买的价格等同于商品价值，而卖出的价格却高于商品价值。（见图 4.2）

现在你会发现，并非所有的价格和机遇都是公平的。上述几个例子中，以低于价值的价格买入相当于得到了一个不对称机会，就是说机遇超越了风险。如果以低于价值的价格卖出，结果就是风险超过潜在的回报。

盈利的关键就在于要在市场形态完成之前清楚地辨认。本书的宗旨就是告诉你，在日内、中期或长期的竞价过程中，如何在交易的早期就从市场中提炼出结构发展的线索。现在，让我们继续研究如何通过分析市场生成信息来了解市场变化的动机。

主要市场生成指标

在第一章中，我们说过要告诉你，在开始交易竞争之前，如何利用市场生成信息来确认并适应变化。我们先来关注几种评估变化的关键参考点。我们都知道不断发展的价值区域，可以帮助我们明确交易当天价格与价值的关系。从较为长远的角度来看，**比较价值区域**可以了解几天和几周内的价格动向。比较每日的价值区域和价格范围，可以使得市场波动倾向变得透明化。

每日的**首次平衡**是全局观念的主要组成部分。以某种证券交易为例，在前两个交易期内没有出现价格超出范围的情况，此时首次平衡表示的就是市场此时处于空盘部位，并进行首次竞价探索，其反映的也是有关当日交易活动开始部位的重要提示。

在首次平衡期内，当新的交易活动使得市场剖面图的形状超过了既定范围，就产生了**区间延展**。区间延展是我们评估多方/空方强度的一个指标。如果竞价价格超过了首次平衡价格，并造成了购买活动的继续增加，此时就是实际购买力。当竞价价格走低，并得到了市场的接受，那就说明此时的多方强度处于主导地位。区间延展拉长了剖面图，使得我们可以清楚地发现买方/卖方的交易动向。我们再来回顾一下那个艺术竞价活动的例子，如果价格上升，且造成了购买行为的增加，那么竞价者就不会终止竞价活动。

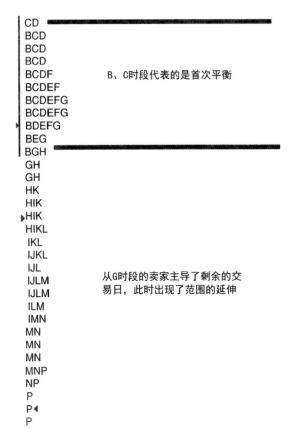

图4.3　首次平衡以及卖出范围的延伸

图 4.3 显示的是首次平衡——B 和 C 时段内——在 G 时段开始时出

现了卖出区间延展，到当天交易结束时，价格在不断地降低。

我们现在把这几个关键性的指标都综合在一起。如果没有区间延展、或有限区间延展、或价格返回价值区域的双向区间延展，那么这种结构显示了，市场至少暂时处于平衡状态。图 4.4 显示，在 G 和 H 时段，价格超越了首次平衡的价格（B 和 C 时段），但是没有出现新的购买行为，而价格也返回到市场剖面图的中心位置，这就是再次肯定了市场此时的确处于平衡状态。

为了进一步加深对市场生成指标的认识，我们现在要仔细观察日内价值区域所处的位置与前一日价值区域所处位置的关系。图 4.5 显示的是两者之间可能存在的关系。

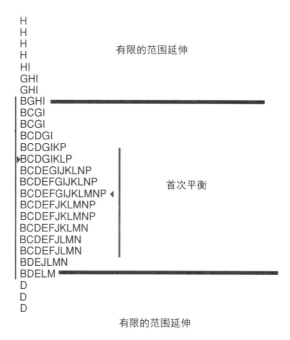

图 4.4 平衡后的市场出现的范围延伸（日内时段）

我们先来观察图 4.5 左上部的价值区域关系，你会发现后一日的价值区域所处位置明显高于前一日。比起价格，我们更感兴趣的是价值水平，因为价值更为稳定，且可以指示市场的实际趋势。例如，价格常常处于高位，而价值则保持不变——甚至更低。还有一种情况就是，在剖面图上部的中心位置，价值区域出现了下移。下面有两个例子显示的是这种重叠的关系，在最后两个交易日，价值不是超越了前一日的价值区域，就是位于其中。

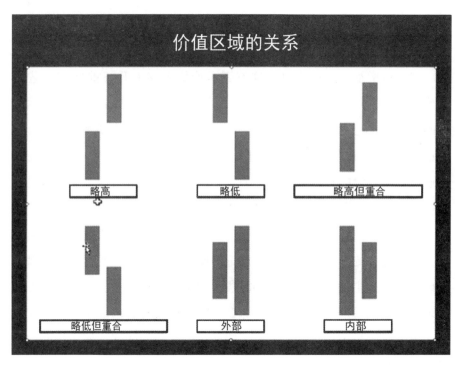

图 4.5 价值区域的关系

第五章中，我们会将这里所介绍的所有分析指标综合成一个整体。在开始这一过程之前，你必须了解交易量透明度、方向和对称性的重要性。

20 世纪 80 年代，我们首次使用市场剖面图。我们用水平轴线表示时间，纵向轴线表示价格，而交易量的公式如下：价格×时间＝交易量。在交易结束之前，与突破到价格水平以下的交易量相比，这一公式相对比较精确。但是以这种方式计算交易量的交易所数量却是有限的，如芝加哥商业交易所和芝加哥期货交易所。今天美国及世界各地，越来越多的证券交易所都开始使用电子交易，因此交易量可以迅速被计算出来，对于大多数市场参与者来说也变得越来越透明。市场剖面图和电子交易，可以反映出时间、价格和交易量的真实情况。在电子交易的过程中，可以迅速了解交易量的数额，此时就实现了完全的透明度，而此时的竞争环境是公平的，所有的市场参与者都可以及时得到相关信息。

交易量增加，价格上升，这就表示价值也在上升（前面有关艺术竞价的例子就是有力的证明）。当交易量下降，而价格上升，就表示此时的竞价活动已经失去了动力。（例如在竞价中你会听到这样的话："现在已经有人出价950美元买这幅15世纪的风景名画。"）当市场开始通过双向竞价的过程来进行交易，交易量上升而价格却下降的情况就是熊市的征兆，而交易量下降则可能是牛市的征兆。

对交易日中任何一次竞价进行分析，都需要考察均值偏离时的交易量。需要记住的是，我们这里所讨论的原则适用于所有的时段。如果不能确定此时起主导作用的是哪种时段，你会出现迷惑。例如，如果市场表现出中期或短期的平衡状态，那么对于长线交易者来说交易量就没有那么重要了。当市场接近或突破了中期价格区间的两端，那么长期投资者/交易者都必须关注交易量。

大多数谨慎的交易者和投资者，都对"均值回归"这个概念比较熟悉。这个概念十分简单，同时也是我们现在讨论的核心，因为造成交易量下降的预计性突破会使得价格更有可能回归均值；而造成交易量上升的突破行为，则显示了一批新的、积极的参与者进入了此时的市场。在这种情况下，所有的时段内都会形成新的价值区域。

我们一直在强调环境的重要性，下面这个预计性动向的例子并不是个例外。适当评估交易量相关性的第一步就是要确定，在交易量确定后，竞价市场的发展方向如何，这种评估通常比较困难。如果没有确定市场可能的发展方向，那么此时就不适合做交易量评估。在高点和低点之间，市场通常都处于平衡状态，竞价过程也相对平衡发展。例如，图4.6中，市场以日内区间的高点位开市，交易时价格下降，并且在中心点位上下波动几次，最后以接近日内高点收市。在这个例子中，我们没有发现任何迹象显示预计性动向。短期时段交易，如从五分钟或十分钟的柱形图中，预计性动向十分清晰。当你的交易时段变长，分辨当日预计性动向就没有什么意义了。

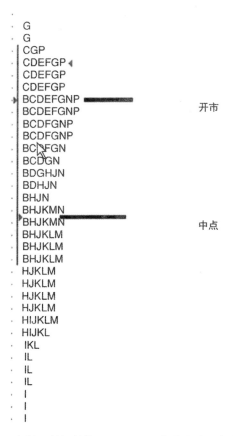

图 4.6 平衡后的市场中出现的 attempted 方向（日内时段）

图 4.7 中，市场低位开市，高位收市，我们发现，预计性动向呈现上升的趋势。我们再来看一个更复杂的例子。当股票达到一个新高，第一次超过 100 点，专家们认为在调整期后可以买进；而大多数投资者则认为此时的"调整"就是在股票上升后的价格下跌。其实，"调整"并不一定会造成价格的下跌，因为新的长线买家可能会进入市场，从短线卖家手中买入，使得价格不会下跌。这一个行为解救了商品头寸的持有者，而使得这些头寸的持有者变成了长线交易者。

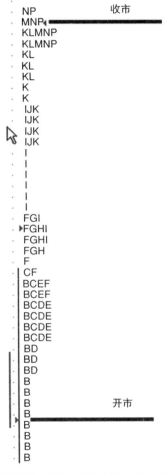

来源：版权所属：2006 CQG 有限公司。全球版权所有。www.cqg.com

图 4.7　在一个上涨的市场中出现的预计性方向

如果缺乏灵活性，且没有做好心理准备的话，后面的这种调整形式会在你没有觉察的时候发生。事实上，市场可能会清晰地呈现出较高的价格和价值，而交易量的下降也会造成预计性动向的下降，而当日的价格也会在收市时达到低点。如果不从宏观着眼，你会对此茫然无措，也会错过下一个牛市的上涨趋势。当然，你也不会觉察到市场下跌的趋势。

使用市场生成信息分析预计性动向，是培养整体意识的重要步骤。这也是个需要技巧的过程，需要长期不懈的练习，才能学会评估日内交易中的预计性动向。

本章我们要讨论的最后一个指标就是"对称性"。市场剖面图并非一直都是对称的，不对称会产生一些影响。在《成熟的思维方式》（纽约：贝塞克书店出版社，2005）一书中，医学博士基恩·迪·科恩认为年轻人更倾向于使用他们主管分析的左脑，他还总结了在做决策的过程中使用左脑的方式；而相对成熟的人（或是上了年纪的人）在做决策时，更喜欢将左脑和右脑的信息进行融合。毫无疑问，科恩认为这种决策方式更为科学。左脑主管语言和数字，而右脑则负责综合分析、解析意义、引入图像、模型和感情。

市场剖面图将市场的基本元素（价格、时间和交易量）用图表的形式呈现在我们眼前，由此市场结构也就一目了然了。然后，我们可以使用一种信息处理的综合模式，也就是利用主管分析的左脑和主管综合的右脑共同评估市场活动。科恩博士（也包括其他人）认为这样有助于做出更合理的决策。

剖面图将大量的数据用较为简明的方式表现出来，以便我们能够清楚地了解各类市场指标和时段之间的复杂关系。市场剖面图在某一时段内处于对称状态，就会在市场的空头部位和多头部位提供对称的风险/回报的机遇。这样一个处于平衡状态的市场就是高效市场理论的最好证明。对称的市场在新动向出现之前，会一直等待新信息的进入。

不对称的剖面图指示了市场的不平衡状态。在这种失衡的情况下，市场剖面图可以帮助我们确认投资的最佳时机，以及提醒我们无收益的投资情况。不对称的市场通常出现在几种情况下：第一种是市场趋势不稳定，多种时段共同作用的情况，由此产生的一系列剖面图会向市场变化的方向延伸。第二种是剖面图处于不对称的状态，上部过于集中，这说明买入的交易时段是有限的。如图 4.8 所示，这种现象通常说明此时的市场处于空头补进状态，不会再出现长期买入行为。

图 4.8 空头补进形成的不对称剖面图

一个不对称的剖面图，且下部过于集中则表示，卖出的交易时段是有限的。图 4.9 表示的就是这种情况。

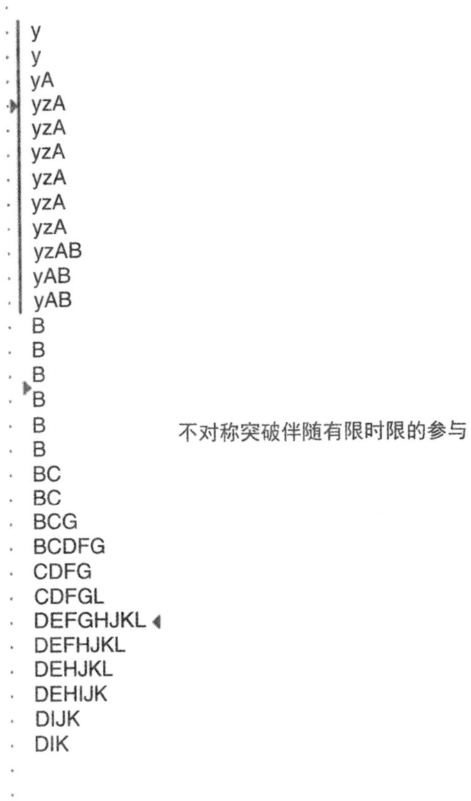

```
·  ┃  y
·  ┃  y
·  ┃  yA
▶  ┃  yzA
·  ┃  yzA
·  ┃  yzA
·  ┃  yzA
·  ┃  yzA
·  ┃  yzA
·  ┃  yzAB
·  ┃  yAB
·  ┃  yAB
·     B
·     B
·  ▶  B
·  ▶  B
·     B
·     B
·     BC
·     BC
·     BCG
·     BCDFG
·     CDFG
·     CDFGL
·     DEFGHJKL ◀
·     DEFHJKL
·     DEHJKL
·     DEHIJK
·     DIJK
·     DIK
·
·
```

不对称突破伴随有限时限的参与

来源：版权所属：2006 CQG 有限公司。全球版权所有。www.cqg.com

图 4.9　多头清算形成的不对称剖面图

完善视觉艺术

市场剖面图是一个简洁的图表工具，表示的是市场持续不断的竞价过程。这个图表显示的是某一个交易日的竞价过程，而其中的关键性市场生成指标，包括价值区域、首次平衡、区间延展、预计性动向以及对称性都显示了市场可能的发展趋势。如果脱离了大环境，这些指标可能会误导你的判断。所有的市场活动分析都不能脱离市场的大环境。在下一章你将学习到如何使用这些指标来做出正确有效的交易决策。

　　了解市场中不断发展的竞价过程要不断地观察和学习。就像一个世界顶级的棋手不是完全靠"直觉"下棋的，而是投入大量的时间和精力去研究各类形态和可能性，最终才能在比赛中找寻到取胜的关键。

第五章　长期竞价

付出代价并一定会有所得，而有所得却不一定要付出代价。

——挂在阿尔伯特·爱因斯坦在平斯顿大学办公室里的标语

第四章侧重讨论了如何区分竞价过程中的几种主要指标。我们前面讨论的艺术竞价是一个简化了的例子，也就是一次性售出某一件物品。金融市场中的这个过程是持续性的，包含了多个影响市场行为的时段，在这其中有多种物品不断地被卖出和买入。所以，我们定义的各类指标都不能孤立地看，必须要在复杂多变的市场环境中进行综合考察。

日常生活中，如果要拿起一杯咖啡，从表面来看，这个过程似乎很简单，毋庸赘述。但其实不然，你的大脑首先要对杯子表面的光反射进行分析，然后将数个脉冲输送到一系列的肌肉组织中，这些都是同步进行的。现在我们再来想想，一个棒球运动员以每小时 90 英里的速度打出一个快球，完成这个动作所需要的同步性过程数量一定更为惊人。

交易的过程也是一样，十分复杂。市场不断地受到各类新闻、时段参与者、动机各异的买入和卖出行为、空头补进、清算突破，以及各类因素的综合影响。一旦信息混杂，就很难分辨当前竞价活动的"净效应"，也无法规范不同时段交易者的市场活动。正如我们之前所说的，只有坚持不懈地努力和实践，才能成为一个交易专家，才能敏锐地观察、理解和分析各类市场指标的变化。

竞价实践

现在，让我们来梳理一下到目前为止所讨论过的所有概念。先来看一个有关短期时段的例子，也就是国库券转换的竞价过程。现在，短期国库券的有效期是 3 个月和 6 个月，而纸币是 2 年、5 年和 10 年，公债和美国财政部通货膨胀保护债券是 30 年。竞价活动的开始，先由美国财政部公开宣布竞价债券的种类、发行量、债券有效期以及募集的现金量，募集的现金一部分用于偿还到期债务，而其余的都用于新生债务的投资。

在竞价前的最多 30 天内可以提出竞标，但是一级交易商，也就是美联储承认的金融机构购买了大部分的库存，并在最后，有时是在竞价开始前的最后期限内提出竞标。投标方式主要有两种：竞争性投标，主要由一级交易商投放；非竞争性投标，主要由小额投资者和个体投资者投放。一级交易者投标的目的不仅为自身，也为其客户，买入大部分债券之后，即向其他的交易商、公司、银行、个体投资者等售出。固定收入市场通常会在国库券竞价开始之前，就已廉价卖清。交易商极力追求买卖之间的差额，所以他们所买入的债券，在卖出时都可以为其盈利。从这个意义上说，这种情况和我们在第三章中所讨论的汽车交易商和建筑商相似。政府是债券的长期时段发放者，而个股、抚恤基金、捐赠以及基金都是可以长期持有的。如果每一位投资者都能对形势进行准确估计，那么新发行的债券就会从财政部转移到交易商处，最后又转移到其他的金融机构手中，这些金融机构或者持有，或者将这些债券卖给那些持有"黏附资金"的长期投资者。

我们在汽车竞价的例子里已经讨论过了，事情通常并非如此。有时，交易商会因为库存不能立刻分配到长期时段投资者手中，而不得不保持持有状态。为了平衡库存，剩余的债券必须以更为低廉的价格出售（竞价），这样可以增加收益，而且还可以使得这些债券对于长期购买者来说更具备吸引力。竞价的价格持续走低，直到市场完全恢复平衡。

当然，如果在竞价过程中，竞标者的数量多于待售债券的数量，那么这次竞价就是成功的。这一情况出现后，那么竞拍的过程就会呈现强势上扬，因为竞拍者们都意识到如果他们稍有松懈就可能失去他们想要得到的债权。此时，竞拍者处于空头部位，他们或者通过买入来平仓，或者用于满足客户的需要。

以上讨论的关键点在于竞价的普遍性，竞价过程是所有商业交易的基础。如果你想成为一个市场型社会的成员，必须要了解竞价过程的操作。在商场中，你每次都会看到各类竞价活动。也许你希望花高价购买一款美味的冻披萨，可是在竞价过程中，你的交易却可能无法达成（除非你可以打败所有人），但是长期的效果是相同的：如果披萨不断地从货架上被取出、卖掉，那么价格就会不断上升。相反，如果披萨都留在货架上，卖不动，那么价格可能会走低，用于平衡库存。这一基本原理非常通俗易懂——因为过于简单，很多人都会想当然——但是却是全面了解金融市场中的**复合竞价过程**的基础。

复合竞价过程

市场生成信息，也就是从竞价过程中获得的数据，都具有实时性，而且还在不断地刷新变化。经验主义的投资理念常常会阻碍新观点的发展，也会让你对各类新见解产生偏见。这样一来，你可能会做出错误的投资或交易决策。这种倾向，再加上人类重结果，轻过程的本质，会让你无法真正了解实际市场活动的真实本质。投资管理行业普遍存在一种趋势，许多投资专业人士都仅仅研究表面指标，这让许多投资者损失了大量的财富。如果竞价过程存在失误，那么可以肯定的就是，解决方法也一定存在问题。如果你的目标是成为一个顶级的竞拍者，就必须完全投入竞价过程中，也就是要投入市场的复合竞价过程中去。

我们所引用的艺术竞价，为个体市场指标的辨识和分析提供了一个有效的范式。但是，如果同样一件物品被多次竞价，同样的这个过程就会充满了复杂性。例如，当一个全新的竞价过程开始，会有许多交易者参与竞拍。当价格偏低时，只有少数竞拍可以成交。如果价格低于某种时段交易者的预期价格（也就是低于价值），那么竞价会迅速开始升温。当竞价价格不断上升，竞拍活动也开始不断升级，此时不断有竞拍者因为价格超过了他们的预期而退出竞价。只有那些为了满足自己的需求，或是深陷这种竞价狂潮中的竞拍者会留下来，不断随着竞价价格的上升而继续竞拍。一旦市场参与者意识到，从各自的时段来看，价格已经远远高于了价值，那么需求热潮逐渐降温，而竞价的供应也开始大于竞价，此时的竞价过程开始走向相反的方向。由此可以看出，复合竞价是一个持续性、多向性的过程，它吸引了不同时段的参与者，同时依赖于每一个间断性的价格变动的方向和程度。

那些日内交易者和投资者，包括那些从几分钟到几个小时不等的短期时段交易者，都会在单个交易日内经历这样的一个循环往复的竞价过程。短期交易者会发现他们的交易时间延长到了几天或几周，而中期交易者也会发现，与他们的时段相关的交易过程延长到了几个月，长期交易者的交易时长也会延长到几年。**你在竞价过程中所处的位置，决定了你的风险/收益之间的关系**。你可以通过检测柱形图来"速读"竞价过程，并由此确定自己在竞价过程中所处的位置。你可以从交易时间最长的竞价过程开始检测，然后再逐渐过渡到日内交易，最终确定自己的交易位置。

资产的跌涨

通过研究观察，你会发现长期的竞价过程并不是一个从涨到跌，或从跌到涨的过程，而是一个逐渐过渡的过程，继续沿着原来的方向发展，或者向相反的方向发展，开始一个全新的竞价过程，由此逐渐达到价格的平衡。从图 5.1 可以清楚地了解这一原则，图中显示的是标准普尔 500 市场从 1998 年 10 月到 2006 年 5 月的变化情况。（如果时间足够长，可以容纳一个较长时间的竞价活动，那么该时间范围和市场之间则不存在相关性）

图 5.1　　向平衡区域过渡的长期趋势以及从平衡区域开始过渡的长期趋势：标准普尔 500 每月柱形图，1998 年 10 月到 2006 年 5 月

在这个例子中，标准普尔 500 市场在 2000 年 3 月之前，一直处于上扬趋势，到了同年 9 月逐渐趋于平衡。2000 年 10 月，市场已经度过了 7 个月的平衡期。此时，标准普尔也开始了一个长期持久的下跌过程，并最终触底。但在 2002 年 10 月，市场又开始趋于平衡。到了 2003 年 5 月，市场退出了平衡区域，开始了一个长期的上扬趋势，这一趋势一直保持到 2006 年 5 月。如果你仔细观察两次显著的"平衡过程"，会发现市场在达到高点和低点之前的几个月，平衡的过程就已经开始了。你还会注意到，其实在平衡过程形成之前，长期竞价就已经结束，市场又回归平衡状态。

随着对竞价过程研究的深入，你对于平衡过程（或者是整理过程）的起点会更为敏感。图 5.1 中显示的两个平衡期，都是中期竞价的典型例证

（我们在下一章会详细分析），而长期竞价过程由数个这样的中期竞价组成，为交易者提供的重要的市场环境信息。如果没有这些环境信息，交易者可能会迷失在每日浩如烟海的信息洪流中，无法做出正确的交易决策。

图 5.2 是对图 5.1 中标准普尔 500 市场活动的进一步分析，其关注点如下：1. 2002 年 7 月平衡过程的开始，这同时也是 2000 年 3 月开始的下跌趋势的结束；2. 2003 年 5 月，市场上扬突破了平衡期；3. 两个不断发展的中期竞价逐渐合并为一个处于上扬趋势中的长期趋势。

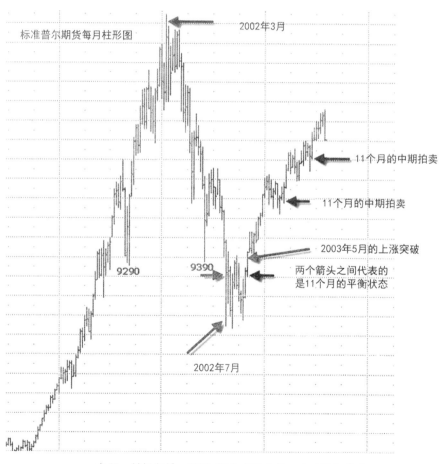

图 5.2 从平衡区域开始的突破，成为长期趋势的催化剂：标准普尔 500 每月柱形图，2002 年 7 月到 2006 年 5 月

趋势形态的结束和整理形态的开始

（提示：以下部分是以第一人称写作，以期更好地传递作者詹姆斯·戴尔顿的个人经历）

总是有人会问我这样一个问题："为什么你要选择一个特定时期来制定趋势和平衡区域的起点或终点呢？"我承认这没有什么科学依据。但是根据我数年来的市场观察，我对于市场过渡迹象的直觉判断越来越准确。例如，图5.2中显示的是标准普尔500市场中的两个相距甚远的低点，第一个为9292，而第二个出现在三年后，为9390。我选择2003年五月为"上扬突破"，是因为市场趋势已经不再向这些参考点位下方靠近。上扬突破的趋势不断发展，而市场也再次达到平衡状态（或者说是整理形态），在市场再次变化之前，这种平衡状态保持了11个月。

整理形态是市场对平衡状态的一种内在需要。当价格开始偏离价值，市场竞价也朝着一个方向进行，直到出现一个新的价值标准。这一现象可能发生在一个交易日内、几个交易日内、几周内，或者更长的时间范围内。观察时，我们只知道当双向交易行为出现，就会形成一个新的价值标准，而此时的市场也开始进行力量均等的双向竞价。不断地将价值调整到一个平衡点，也就是"均值"。整理区间两端的距离越近，各类买家和卖家对于价值的认定就越接近，两端的距离越远，双方之间的价值认定也会出现越大的分歧。

还有一种方法可以帮助我们更为清楚地了解这个概念，就是分析市场上出现的一种只对一方有利的趋势。例如，当趋势上扬，市场其实是在预示我们价格过低，也就是说对于卖家来说是不公平的。整理期是市场发出的一个信号，也就是价格对于长期买家和卖家来说都是公平的。此时的市场活动也反映了一个相对明确的价格波动区域，通常的特点是与价值区域重合。如果这一整理形态持续下去，所有的交易者在价值标准方面都达成了一致，那么整理区间的两个端点也会逐渐靠近，也会相应地出现高位卖出、低位买入的现象。从某种意义上来说，"相应"这个概念指的是，当公示价格高于、低于或与价值重合的情况下，参与者得做出适当的反应。

整理区间两端出现的竞价活动，提供有关整理形态持续几率的重要信息。例如，如果一个竞价活动向高端推进，且出现了大额的交易量，那么整理形态继续向上发展的可能性将增大。相反，如果向高端推进的竞价活动中，出现了较少的交易量，那么随着价格的上涨，这次活动很可能会出现终止，因为价格涨得越高，就越被认定有违"公平原则"。当整理形态的两端都固定下来，那么竞价活动达到平衡状态的可能性就越大。

对于整理形态的常见定义如下：如果事后来分析，整理形态是很容易确定的。但是如何在发展的过程中进行认定呢？在实际的市场平衡活动中进行区分，难度之大，绝对不是在图表中画上一条细细的趋势线这么简单。你需要花费大量的时间来掌握这门技术，就像你要花时间来学习解读 X 射线和国际象棋一样。你要不断地练习，才能区分整理形态和失衡状态的预示标志，这也是成功交易中最重要的元素。市场总会通过降低交易量来平衡其需求，这一信息对于辨别市场形成整理形态的时间起点也大有帮助。但是，单次竞价无法完成这一认定过程。当你逐渐了解并熟悉了竞价的过程，才能更有把握地从事这种评估。

从交易的角度来看，对于整理形态的精确认定十分重要，其不仅能使你在整理期（也是交易者的天堂）内更好地把握各类动向，还能帮助你确定市场结束整理形态，开始趋势形态的时间。

在信息旋涡中认清趋势

你可能常常会在短期的竞价中迷失自我，同时也对长期的竞价失去方向。我们建议你每个月至少要整理一次长期趋势图，或者也可以在每个星期日整理一下一周的趋势图。你可以把它们打印出来，贴在显眼的地方，这样可以帮助你在评估长期市场策略时，可以时刻宏观地把握大趋势。一旦市场发展超越了这些图表的范围，就立刻重新整理打印。

图 5.3 告诉我们在不同的时段内，各类市场活动是如何产生的，同时还显示了图 5.1 和 5.2 中同一个时间段内标准普尔 500 每周的柱形图。

数年来，我一直对一个事实感到惊讶，我认识的基金经理都坦承自己不会绘制图表，而他们都为此感到骄傲。我最近阅读了一家顶级市场研究公司的分析报告，他们在报告中承认在过去数年对于日本市场的分析中，一直忽略了一个重要的指标，于是他们转向对日本政策制定者的行为进行分析。这不是个例外，日本通货紧缩期超过了大多数投资者的预测。所以绘制一个长期的柱形图，可以帮助精明的投资者清楚地了解到变化已经发生了，而随之而来的就是机遇。

如果想要清楚并客观地了解市场的真实情况，而不是根据我们所希望或需要看到的情况而不断调整自己的交易部位或决策，这即使对于一个经验丰富的交易者或投资者来说也是一个挑战。以笔者的经验来看，即使面对同一个事实，不同的人也会得出不同的结论。为什么？因为我们的决策过程通常都会受到经验的影响，更不用说每一个人都有不同的成长背景。关键在于，你需要经常参考市场的长期竞价活动，来检查自己的倾向，支持自己的决策。例如，那家对日本市场做出消极评价的市场研究公司，需要通过实际情况来证实自己的判断，如竞价活动上扬时，交易量却偏低，而这种上扬的趋势也没有突破长期的平衡状态。对长期竞价活动进行观察——如果结论可靠的话——那么我们可以了解，上扬的趋势并没有远远偏离平衡区域的低点。相反，此时相反的趋势已经产生，而该公司的分析却出现停滞，也失去了对市场大趋势的把握。

图 5.3　图 5.3 中表现的是同一时段的同一部位的较短时段预期；标准普尔 500 每周柱形图

　　确认长期竞价活动的开始和结束的一个方法就是要观察市场的平衡期。需要强调的就是，市场通常都不会发生"彻底转变"，也就是说，不会从一个长期稳定的方向转变到其完全相反的方向。对于管理大笔组合资产的长期投资者来说，掌握长期竞价活动的起点和终点十分关键。但是，市场达到平衡常常需要几个月的时间，所以对于长期竞价活动来说有足够的时间来进行组合投资的重新分配。如果不能有效地利用这段时间，就会让数年积累起来的数据记录都功亏一篑。一旦市场出现了一个平衡区域，价格通常也会快速地呈现非线性的增长（至少最初是如此），而流动性也会出现下降，而机遇也就随之丧失了。

　　金融市场的构造与机动车完全不同。一辆汽车的发动机如果出现故障，那么无论如何修理，发动机系统都是同一个"系统"。相反，市场会因为参与者的行为而不断变化，并且市场的模式也会因为系统内参与者的行为而发生彻底的改变，这可以解释趋势的形成和结束。

市场剖面图直观并简洁地反映了不断变化的市场活动，同时也客观地反映了当前所有参与者的态度变化。剖面图的优点之一就是其记录了市场的变化，它能捕捉到市场的流动性，所以是解析市场活动的重要工具。

市场流动性通常指的是个人执行指令的能力，我们在这里使用这个概念是为了表现出市场的买入和卖出的流量。

还有一点需要强调：市场剖面图与大多数传统的分析方法不同，因为其是由市场的流动性来驱动的。市场的基本元素和技术形态可能是精确的，也可能是具有误导性的，可能是不断进步的，也可能是倒退的。但事实是，如果基金流入市场，无论是个人证券或是部门证券或是一次艺术竞价，市场的竞价活动最终都会出现上涨。如果基金流出市场，那么市场的竞价活动一定会下跌。这并不是个新规则，其遵循的是最原始的供求变化定律，用一个简单的价格、时间和交易量关系图表就可以一目了然。这样的图表可以帮助投资者清楚地了解市场何时达到平衡状态，何时又会出现失衡。

这样一个剖面图让我们可以清楚地了解市场中复杂的关系，也可以更好地理解市场中当前正在发生的变化。本章提到的长期柱形图执行的是一个不同的功能，因为它们反映的仅仅是价格的变化，而无法像市场剖面图那样捕捉到市场的其他复杂信息和行为特质。它们综合了每日的剖面图，提供了关键性的长期视角，反映了时间和交易量的发展方向。

市场的大趋势

我使用长期的柱形图来了解市场的"大趋势"，而不是仅仅关注每日的细节信息。例如，图 5.4 中的柱形图显示了同一个时间段内的价格变化，而图 5.5 显示的是，一个长期市场剖面图的同一个时间段内，用时间、价格和交易量，这三个重要元素来理解竞价过程的健康程度。在一个平衡的配额系统内，你可以找到想要检查分析的交易范围。我们会在第六章详细讨论长期的剖面图。

标准普尔500期货

2006年5月10日

2006年3月14日

42日交易期

图 5.4 柱形图中表现的是长期价格预期：标准普尔 500 单日柱形图，2006 年 3 月 14 日到 2006 年 5 月 10 日

```
LNBCDLF
LMNPBCDKLMEFP
LMNPBCDHIJKLMNDEFGNPLM
KLLMNPBCDHIJKMNPCDEGHMNPLM
FGJKLBDEFGHMNPCDEHIJLMNPBCDHIKLMP
FGHJKDEFGHPBCDHIJKLBCDEFGHIJKLMNP4
FGHIJKEPBCDJKLBDEFGHJKLMNP
BFHIJSBDKLMN
BEFHIKLMN
BCSCDEKLN
CCBCDEKLN
CDBCBCDKL
CDBCCBCDKL
BCDBCECBCCDKL
GHHMBCDBCDEFHIJCBCL
GMMBFHMKBCDIBCDEFGHIJGHCBCM
CGHIHIBFGHILMNKBCDHILMBCDEFGHIJKGHICDEBCEFJKLMC
CGIJLBCGHIBCFGHCIKLMNPJKBCDHILMNCDEFGKEGHILMCDEPBCDEFGHIJKLMJCF
CDEFGIJKLMNBCDGIKPBCHFGHIJCHIJKLMBCEILMNFGHIJMCDEFGHIJKLMNPBCCDEFGHIJKLMNPKNPEFGIJLMCDEFGIJPDEFGHIMHIJKNPBCDEFGKLMN
CDEFGIJKLMNBCDEFGHIJKLMNPBCDEFHIFHIJCFCDHIJKLMBCEILMNFGHIJMCDEFGHIJKLMNPKNPEFGIJLMCDEFGIJPDEFGHIMHIJKNPBCDEFGKLMN
BCDEFJKLMNPBCDEFJLMNCDEFGHIJKMNBFJDBCDDEFGHIJNBCDGHJBCDEFLMNPBCDEFGPKLNPBBCCDEFGIJKLMNCEFGHIJKLMNPGHMDHIJKLMNBBDEGIJKLMNP
NBDLMDDEFGHJKLMNPBEFJNDEHBCDHDEFGHIJKKLMNBCDDEFIJNCMNPBCDEFHJKLMNPBCCCDEFGKLNPCHIJLMNPBCDFGHIMMBBGHIJL
MNPDLDEJKLMNPBDEFJKNPCDEFHIBDDEFHIJKKLMNBDDEHIJNCMNPBCDEFGHIJKLMNBNPBCGKLMNPBCBCDEIKKCEFKLNPSCMMBCDEFGBCDBGH
KLMBCDEJKFGIJKLMBHKCFGHLMNPLMOJKIJKLMNBDFGCDKLGHIJKLMFFGHICDKMBCDEFHIJKELMBCDEGHIJKLMCDEBMNBCDBCDECDEFGINP
KLMBCDEJKFGIJKLMBHKCFGHLMNPLMOJKIJKLMNBDFGCDKLGHIJKLMFFGHICDKMBCDEFHIJKELMBCDEGHIJKLMCDEBMNBCDBCDECDEFGINP
KCKLCDEFGHKLMCDEFHIJKMNPBCDEFGHIJKLMBCIMNBPBGKFGHIJKLNPBDEFHIMBCLMNFGIJMCDEBCLMGCDEFBCDEFGHIJKLMCDEBMNCCDEFGHIJKLMN
KCKLCDEFKLCDEFHIJKLMNBCIMBCLMNBCDHIJKBCDEFHIJKBCDGHJKMNBCDEFIJKLPBEFGHIKLBCDEFLMNDFGIJKMNPBCDCEDENPDFJKLM
KLCCDEFJKKLCDEFDEFGKLMBIJBCDEFGHBCDKDEEEFIKMNPBCDBCNCFGDEFKLDCDFKLPBMNPCDNPJKLM
KLMNPBCDHIJKLMBCDEDEKLMBIJDEFGKEEHIKLMNPBCDNCFGDEFKLDCDFHXKLPMNPCDNPKLM
KLMNBCDEGHIJJLMNPBCDEDELMBIEFGKEEILKLMPCDEFGHPBNCCDFFLEFGHBIKLCFHJKLNPMCDNPKL
KLBCDFGHIJLMNPBELBKLEEIJLMPEFGHIJPNCDEFGGFHIJKLMBGHIJBGHIJKFGHIJKMLNCD
KBCDEFGMNPBKLCDEJEFGHIJLMNPBCDEFGHPJLMBCEHIBGHIJKFGHIJKMLNCD
JKDFGBKLMBCDEJJKLMNBCIJMBCLMNBCDEFHIJKBCDEFHIIPBGHJKFGIJKLMNCD
JKLMBCDEJKLMNPNBEFGHIJKMNBCDEIJMNPBCFGJINP
ILMBCDEJKNPBFGIJKMNPBCDJKLMNPBCFBC
IMNPBCBMNJKLMNCFB
FGHIMNPNKLCEFS
CFGHNLCCEFB
BCEFCCDE
BCEFCDECBCDE
BCDECDEFBCDEFGBCDEFGBCDE
BDCDEFHIDEFGHJKBCDEFGB
BDEFGHIJKLBCDEFGHINPDEFGHJKLNBEGB
BDGHIJKLBCDFGHIJKMNPCCDHIJKLMNPBGHB
BDGJKLMNPDGKLMCDILMHIP
BJKLMNPDGKLMCDILMHIP
KLMNBCDMHIJP
MNBCHIJP
MNBCIJN
MBJLMN
JKLM
JKLM
JKLM
K
```

从2006年3月14日到2006年5月10日
的标准普尔500期货剖面图

图 5.5　长期剖面图呈现的是关键价值和交易量预期：标准普尔 500 长期剖面图，2006 年 3 月 14 日到 2006 年 5 月 10 日

图 5.4 和图 5.5 反映的是同一个时间段，也就是 2006 年 3 月 14 日到 2006 年 5 月 10 日。图 5.4 是一个单日交易的柱形图，而图 5.5 则可以让你对市场整体情况一目了然，其反映了：

1. 三个主要变量（剖面图的区域，在这个区域内，会产生交易量等情况）。

2. 每一个变量的平衡。到目前为止，根据我们的讨论，有一点很清楚，交易量可以评估每一次竞价活动的成败。价格上涨会终止活动。如果是在一个强势上涨的市场中，价格的上升会吸引更多的竞价活动。

当价格上升终止了竞价活动，价格就会逐渐趋向于平衡。

从另外一个角度来看，将交易量看成是一种**力量**，当竞价市场成功地从一个发展完善的分配区域转移，处于平衡状态（也就是说买方和卖方在价值标准方面达成了一致），那么该竞价活动就需要额外的**力量**来克服价值区域的"重力作用"。如果价格波动没有力量——也就是交易量的推动，那么价格最终可能会回到原有的分配价值区域。

彼得·斯蒂尔梅尔曾说过，市场不具备"高效性"，但是它们确实具备"有效性"。这里的"有效性"指的是竞价过程中价格通常在上涨或下跌之后，市场才会意识到其过高或过低。事实上，价格通常会持续上涨，直到只剩下一个竞拍者。当价格上涨到一定程度，然后竞价活动终止时，此时的竞价已经大幅度地发展了。

价格只是一种宣传机制，有些宣传十分成功，总是能吸引新的竞拍者和商机；而有些宣传却不太成功，最终导致了活动的终止。从市场剖面图上来看，市场总是逐渐突破原有的分配区域。而我们总是要回答这样的一个问题：是否会出现一个新的分配区域（价值区域），或者说价格是否又会回到原来的分配区域？如果要成功地建立一个新的价值区域，就需要借助交易量这股力量。

当我们讨论一个大市场的长期趋势时，这个概念也同样适用于部门证券和个人证券。图5.6表示的是一家金融服务公司UBS（瑞士联合银行），从2000年5月到2006年5月期间每个月的柱形图。

UBS连续三年的交易范围从35美元到59美元。在这样一段中期的竞价过程中，长期趋势开始又结束。我们发现，UBS连续4个月的交易范围都在5美元左右波动，然后，市场开始上涨突破了原来的平衡状态。图5.6显示了这样一个狭窄的平衡区域仅仅出现一次突破性的上涨趋势之前，而这种趋势（出现在2006年6月），也使得股票上涨到了122美元。在市场出现突破之前的4个月期间，因为极其有限的交易机会和极低的市场流动性，这些都使得UBS很容易被认为是没有价值的。一旦趋势处于酝酿中，市场将会表现出我们之前所描述的所有特征，然后趋势开始出现，从 2004 年 1 月到 9 月期间又趋于平衡，紧接着市场又恢复上涨，从 2004 年 12 月开始再次出现平衡，这种状态一直持续到 2005 年 10 月。到 2005 年 9 月，UBS 开始出现上涨。

在一个平衡区域出现突破，就预示此时的价值标准会出现再评估。中期和长期的时段会破坏短期的平衡，但是各类时段的交易者和投资者都应该注意到市场长期性的突破行为。因为突破会囊括到所有时段的参与者，而且还会造成大规模的市场动量的转移。如果不清楚这个原则，会造成大量的损失，也会使交易者错失良机，有些人甚至会因此结束交易生涯。当市场在酝酿变化时，你不仅要分辨出可能出现的变化，还要在交易过程中为自己正确定位，这样才能抵抗住市场中的风云变幻。

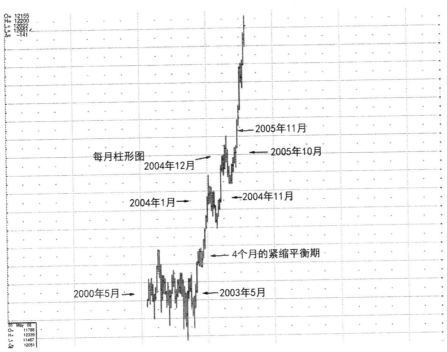

来源：版权所属：2006 CQG 有限公司。全球版权所有。www.cqg.com

图 5.6 从中期平衡期开始出现的长期趋势：UBS（瑞士联合银行）每月柱形图，2000 年 5 月到 2006 年 5 月

不对等的机遇和风险

有效市场假设（EMH）就是，当新的信息快速进入市场，所有的人都紧跟市场的变化。也就是说，未来市场价格上涨与下跌的可能性几乎一致。当然，如果这是事实，那么没有人可以一直预测准市场的变化，这个假设也得到了理论支持。从逻辑上来说，这种思维方式阻碍了价值投资，其理论依据是价格可能会偏离价值。如果 EMH 符合事实，那么价值投资就没有任何的优势，因为价格会一直保持相等状态，从而否定了"价值"概念。价格的上升也带来的投资增长也就没有什么用了，因为这需要实际操作者成功地预测投资和价格的增长。

本书的目的之一就是要整理各类观点，并提供一套逻辑框架。对于时段的讨论，以及有关价格只有在日内交易时段内才趋于公平的观点，都让我们了解到，当前的交易价格事实上就是最真实、最公平的市场价格，即使此刻的信息显示，市场处于最短时段内（市场参与者的激烈竞争本质不允许其他可能性的存在）。但是我们认为，对于最短时段交易者来说，公平的交易时机，其实是较长时段交易者的交易机遇。

大多数交易者都希望专家帮助他们准确预测市场未来发展，他们愿意为此付出高昂的代价。显然，如果价格可以被精确预测，那么也就不会存在艺术竞价、证券竞价，以及任何形式的竞价活动。这就是为什么我们采用了另外一种完全不同的方法，不依赖于预测，而是转而评估当前的竞价整理、停滞，以及逆转过程中存在的风险。例如，我们可以说长期持有一个多头部位风险较高，我们也可以对市场整理的几率进行评估，但是我们永远不会去预测未来价格的发展；而最困难的是我们的风险分析并不能提供一些绝对的数字，我们只不过是使用一些逻辑性的思考来对风险的不对称性进行评估。我们认为，在一个持续波动的市场中，无法得出任何精确的数字，也无法精确地评估可能性。另外，一旦人们习惯于精确的数字，就会很快依赖于当前的信息，而忽视了自己的长期投资目标。

我们在一开始就说过，市场不具备高效性，但是建立当前的交易价格的机制，也就是竞价过程，是在证券竞价和出价之间进行分配的最有效机制。一旦竞价活动形成，我们不会去预测未来的价格走向，而是仔细观察市场，看其如何反映出未来的价格变化。我们会不断地对竞价过程的推动力和健康度进行评估，目的是为了确认最佳交易部位的时机，也就是确认何时交易风险最小。例如，在一个势头向上的竞价活动中，我们要评估，价格的上涨是否会终止竞价活动，或造成利率的上涨，或者是否会促使价格继续上升。如果价格的上升能增加竞价的数量，那么持有这种证券的风险性就会大大下降。如果你卖空同样一种证券，那么遭遇损失的可能性会大大增加。同样，如果你继续买空，那么价格的上升就会造成竞价活动的终止，而持续买空的风险也会增加。

我们之前提到过，相关时段的买家和卖家之间的观点趋向一致时，市场就会出现整理形态。整理形态中的市场，上下浮动的几率几乎相等。如果市场竞价达到了平衡状态的上限，而交易量也大幅度下降，那么持续上升的几率也会大幅度下降。这个例子也证明，不是所有的价格都是平等的。如果不是所有的价格都是平等的，那么所有的机遇，以及风险也都不是平等的。

所以市场会通过竞价机制中的价格确认过程，告诉我们机遇和风险之间对称或不对称的关系。我们的首要目的就是观察市场的对称性，或者发现其是否缺乏对称性，然后根据我们对于风险的评估来调整我们的交易决策。

设定长期的投资策略

对于股票价格波动的解释，每一个读者都有自己不同的理解，这个波动可能是由于市场条件、资金规模、部门表现或证券交易等原因。我们认为，一个公认的答案就是，波动源于以上原因的几种，或全部。我们可以通过市场指数、个人证券或交易型开放式指数基金（ETF）来绘制一个市场剖面图。我们使用本章所探讨的过程来评估这些市场观点，并确定机遇和风险之间的对称性，这种方法可以让你客观地了解整个投资组合，以及投资组合的构成元素。

这个过程只不过是评估风险和机遇的第一步。有时，市场中最大的风险源自于你在分析过程中犯下的错误，就像我们上面举过的例子，那家市场研究分析公司在日本经济分析中所犯下的错误一样。也许，最大的错误就是你丧失了自己的目标，然后开始不断地寻找积极信息来支持自己，并忽略那些与你的观点相左的消极信息。数年来，我所犯下的最大的投资错误都是因为，我在交易的过程中总是倾向于关注那些与自己的观点相符的信息。

我在 1994 年第一次发现了这个问题，我在家里的墙上粘贴了一张图表，名字为"市场行为观点"，想以此来提醒自己市场行为可能会发生的变化。这张图表显示了自 1994 年初开始的约 25 种不同的市场部门的行为变化，同时还显示，道琼斯工业指数为 2.13%，威尔希尔成长指数为 5.01%，而罗素 2000 增长指数为 10.09%。公司每年都会更新图标数据，并且予以公布，无论市场的引领者和落后者如何改变，基本信息还是保持不变。这种变化说明市场机遇较大，这也就是为什么在分析市场整体情况、个体证券和部门证券时，你一定要专注于同一种系统性、客观性的市场分析。没有了宏观观念，最精确的数据也变得一无是处。

其实并没有什么一流的基金经理，如果有的话，我们也不能称其为"一流操盘手"。如果你想要改善自己的市场行为，需要摆脱投机心理。假设，如果你略为改进自己的交易部位，并且每宗交易都能保证全身而退，那么你就可以在长期交易的战场上立足。我们已经了解到，交易中大笔的损失常常源于交易者和投资者信息量的不足。只有那些及早发现机遇的人才能获得最丰厚的回报，而市场剖面图就是帮助你在机遇降临时及时把握住的一把金钥匙。

认清宏观趋势：在大环境下集合不同的小环境

本章的名字叫做"长期竞价"，但是我们注意到了，其实对"长期""中期"或"短期"的概念并没有绝对的定义，只有在个体投资者自己所处的小的交易环境下才能对这些概念进行详细定义。而这些概念的分类也没有固定的期限，但是从理论上来说，它们对于分析市场活动还是大有裨益的。

在第二章中，我们发现基本信息需要在相关的大背景下才有相关性。我们还为此举了一个例子，如 10 年的中期国库券的收益，取决于你的观点和判断。这个例子很有代表性，同时也可能让你很失望。市场生成信息也要在相关的大背景下来分析。市场只有在日内时段内才是公平的，这就意味着某一个不断买入的交易日，可能对于长期的卖家来说却是卖出的高峰。这就是为什么你在分析市场每日的行为时，必须要专注于市场长期的大环境。

如果你一直使用我们在这一章所讨论的长期趋势柱形图来分析市场行为，那么你就能够时刻在头脑中保持一个"宏观观念"。据我们的经验来看，即使是在最长的时段内，我们也必须注意观察日内时段。我们在前面提到过，有时正确的分析至关重要。非线性发展的市场、证券或者部门动向可能会在瞬间就决定或改变你一年的市场行为。

在进入第六章时，我们缩小了关注范围，并研究了标准普尔 500 指数的一些短期细节，看看其如何在交易过程中创造出新的高点。在第七章和第八章中，我们要开始将理论与实际战术相结合，教会你如何监督不同的时段，在市场不断发展的结构中如何确认不对称的机遇。

第六章　中期竞价

复杂的形势孕育着机遇。

——詹姆斯·戴尔顿

2006 年 5 月的美国股市极为巧合且出人意料地与本章的话题不谋而合。我们无法在实际市场中找到比这个更为贴切的例子。"融合"是一个我们常常使用的术语,当市场从整理形态过渡到趋势形态,或者从趋势形态过渡到整理形态时,融合就开始发挥作用。这种融合现象都伴随着市场流动性的增加,另外各类时段的交易也开始活跃,这会造成价格的波动,也会成为报纸的头版新闻。例如《华尔街日报》最近就刊登了一篇《美联储大刀阔斧,道琼斯突破记录》的文章。

在我们开始解析这些事件之前,要先仔细分析一下市场整理的过程。为了更好地分析中期竞价过程,你必须要先了解它们出现、发展和结束的方式。

融合和整理的过程

当一个趋势结束,市场开始了整理的过程,这也是长期卖家和买方价值观念调整的时期。在这个过程中,市场竞价活动会出现上下起伏,直到整理形态最后形成。整理形态时常出现向上或向下的扩展,但是这种波动都影响不大，直到交易量开始上涨，而一种新的趋势出现，并突破了这种整理形态。一个"处于整理过程中的市场"和一个"完成整理过程的市场"之间的差别十分微妙，也是理解转移动力如何影响市场活动的关键。

来源：版权所属：2006 CQG 有限公司。全球版权所有。www.cqg.com

图 6.1　标准普尔指数的平衡区域形态：标准普尔 500 每日柱形图，2005 年 11 月到 2006 年 5 月（核心区域）

美国股市目前呈现出从趋势形态向整理形态的过渡。从 2006 年 5 月开始，市场一直处于长期的上涨状态，且持续了 3 年。但是，图6.1 却显示，在 5 月 5 日标准普尔 500 指数达到了市场的新高，而 5 月 10 日道琼斯工业指数达到了新高，在 5 月 11 日，长期买入的竞价活动与长期时段的卖方重合，这使得资产净值市场大幅下降，也形成了一个平衡期的第一个时滞。

如果你认为此时的市场中已经形成了一个新的整理形态，那么这样的结论过于草率，因为这个正在发展中的整理形态还没有得到进一步的验证。到目前为止，我们观察到此时的竞价活动呈现非线性，向下的发展趋势。如果要确定这一竞价活动会发展成一个传统的整理形态，还是变成一个"调整型市场"，我们还需要观察一系列的中期竞价高点和低点，这个过程也可以检验长期买方和卖方的市场信心。

一个月之内，也就是从 5 月 5 日的高点到 6 月 13 日的低点，标准普尔指数和道琼斯工业指数都下跌了 8 个百分点，而这一年内，各类指数都呈现亏损的状态。这种市场的变动影响极大，这种类型的变动可以帮助交易者，但也会破坏他们辛苦积累的历史纪录。在这种变动之后的过程逐渐形成了融合状态，这种从趋势形态到整理形态的过渡十分简单，我们在 5 月 11 日发现了这一变化（另外，我们在附录 A 里面提供了数据的更新，并且归纳了这篇评估报告写作日期到本书出版日期之间的市场活动）。

定义中期的概念

在前面的章节里，我们描述了五类交易者：投机者、日内交易者、短期交易者、中期交易者和长期交易者。我们对每一类交易者都提供了总体的市场交易指导方针，并且分析了市场运行的结构，希望可以给予交易者帮助。我们认为，中期市场一般会持续几个月，但是决定一个竞价过程是否是"中期的"并不总是时间因素，而常常是"市场的振荡幅度"。要考虑到整理形态常常会持续 4 个月之久。而下降趋势的竞价活动常常会与整理形态下限的买入形态重合，然后与连续 4 周保持上升的市场竞价活动重合，最后到达整理形态的上限。我们称之为"一次中期竞价"或"振荡交易"。同理，如果市场在达到上限后迅速逆转，在 4 天内跌落到整理形态的底部，这也可以被称作一次中期竞价。所以决定"中期"概念的不是时间的长度，而是市场振荡的幅度。

中期竞价的价格幅度（从低点到高点）常常大于短期竞价。而中期竞价的另外一个显著的特点就是其包含了几个小范围、清晰的平衡区域。这些区域都属于短期的交易范围。无论你最终将其定义为一个"短期"还是一个"中期"的过程，关键要把握的就是这个竞价活动是在一个平衡期内出现并发生的。一旦你确认了一个平衡状态，你的交易策略就要转向寻找平衡状态两端的振荡交易。在这样一个平衡的环境下，你可能还会遇到一系列双向的或"振荡的"竞价活动。

你需要认识到那些号称自己为"长期投资者"，并建议你不断投资的基金经理其实都是一些趋势交易者。他们总是无法清楚地辨别市场的趋势形态和整理形态，所以常常损失惨重。当市场处于某一趋势中，趋势交易者当然表现良好，但是当市场处于整理形态中时，在 3/4 的时间里，他们都会将自己在趋势交易中做得最好的部分示人。

整理型到趋势型

你需要辨别市场何时转向整理形态，而何时一个新的趋势开始生成。我们要开始仔细回顾市场从一个整理形态的中期竞价活动向趋势形态的转变过程。就像我们上面提过的，这不是一门精确的科学。

整理中的市场常常处于平衡状态中。也就是说，市场的整理区间内总是会有一些较小的平衡区域，在短期、双向的竞价过程中发展。当这些小的平衡区域（我们在第七章会详细分析）开始集结在一个中期整理区间的两端，就说明市场此时处于一种更为紧缩的整理形态中。但事实常常并非如此，这种集结通常是市场从整理形态向趋势形态转变的最后一步。

图 6.2 显示，在一个紧缩的平衡区域内，市场向上的突破。这是一条交易总原则，我发现，如果平衡区域与你的时段相对应，你就可以跟随着这种平衡状态中的任何突破行为，并监视市场交易持续发展的信

号。当突破行为最后产生，市场过渡的平衡区域越宽，那么参与的时段种类就更多，而接下来波动也会越剧烈。

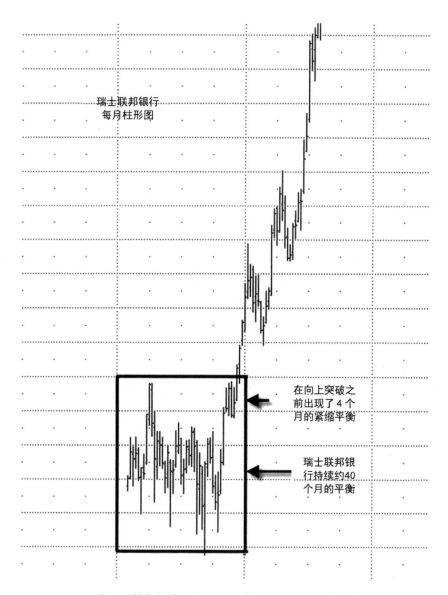

瑞士联邦银行
每月柱形图

在向上突破之
前出现了4个
月的紧缩平衡

瑞士联邦银
行持续约40
个月的平衡

图 6.2　狭窄的平衡区域的延伸期出现了向上的突破：瑞士联合银行每月柱形图，2000 年 5 月到 2006 年 5 月

如果价格保持在整理区间内，我们就会看到市场做出的反应：参与者会在整理形态的高点卖出，而价格会高于均值（价值均值），并会在低点买入，价格会低于均值。当市场开始从整理形态过渡到一个上涨的趋势形态中时，情况会刚好相反。价格的上涨会带来交易量的上升，由此也会形成一个上升的突破。同样，在一个看跌的趋势中，下跌的价格会促进卖出数量的上升，而不会终止交易活动，由此形成一个下降的突破，从而形成一个趋势。

处于某一趋势中的市场，至少在初级阶段会表现出高度的自信，认为此时的价格是不公平的，卖家处于上升的趋势中，而买家处于下降的趋势中。在一个高度自信的市场中，如果有关该市场的消息发布与此时的趋势背道而驰，那么就会造成该趋势暂时的倒退（例如，如果趋势是上升的，就可以提供一些买入的机遇），相反，如果所发布的消息与此时的趋势保持一致，就可以加快趋势的发展。

还有一个方法可以定义整理形态中的市场，就是看市场是否吸收并消化了当前所有的信息，长期的买家和卖家在价值标准方面是否达成了基本一致，市场是否一直在标记时间，直到新信息的进入。在这种情况下，市场就是一个"高效的市场"。主要的信息发布机构，如美国劳工统计局每月的就业报告，对完成整理形态的市场影响深远，而对于一个处于某一趋势中的市场影响不大或几乎没有任何影响。主要信息发布机构的消息发布通常会促使市场从整理形态过渡到趋势形态中。也就是说，一个完成了整理过程的市场处于平衡状态中，同时也在等待大量新信息的进入，然后转变其方向，开始下一个竞价。

趋势型到整理型

趋势结束的方法有两种，也可能是两种的结合。第一种较为少见，通常在与趋势方向相同的交易量枯竭时出现，也就是说此时所有主导趋势发展的参与者都"处于倦怠期"，所有的人都退出了交易。这个过渡相对比较平静，市场也没有波动，这使得市场参与者都处于一个安心且停滞的状态。

图 6.3 中，标准普尔期货指数在中期竞价趋势改变之前的 5 天内，有 4 天的交易数量分别为 1,269.70、1,269、1,269.40 以及 1,269.90。这 4 个高点的差距还不到一个点位，此时的购买行为几乎枯竭，参与者都会选择做买空清算或卖空，从而造成了竞价活动下降的趋势。在接下来的 18 天，市场下降到了 1,223，浮动了 3.62 个百分点，然后又开始小幅回升，但是还是没有超过 1,269 的高点位。第一次下降后，市场又开始第二轮的下降，此时降到了 1,180 点，跌幅达到 7 个百分点。

"过剩"的产生是第二个，也是最常见的方法来结束一个趋势。当市场价格开始大幅度上涨或下跌，而交易量却保持低水平，而买方和卖方都反应迅速，并开始积极地竞价和出价，此时过剩产生了。这种结束趋势的方法通常都比较剧烈且突然，当价格开始迅速波动时，会在市场中造成恐慌，所以参与者很难在情绪剧烈波动的情况下做出冷静客观的判断和决策。

图 6.4 显示，这两种结束竞价的模式。在左边的两个格子内，你会看到交易量的枯竭，而在下面三个格子里，你会看到第二种结束竞价的模式，一个更为剧烈的过度过程，标志就是过剩状态的产生。

在过剩状态的高点（见图 6.4）处，你会发现此时出现一个"缺口"。这个缺口（价格缺口）是在市场没有机会（没有时间）以某一价格进行交易。这一情况一般会以两种方式出现：一是当市场竞价活动在某一方向快速发展，而价格也开始快速跳升；二是当市场参与者的价值标准发生了颠覆性的改变，开始以一个完全不同的价格水平进行交易。

来源：版权所属：2006 CQG 有限公司。全球版权所有。www.cqg.com

图6.3 买入消耗，引发了中期卖出竞价活动：标准普尔 500 单日柱形图，2005 年7—8 月（核心区域）

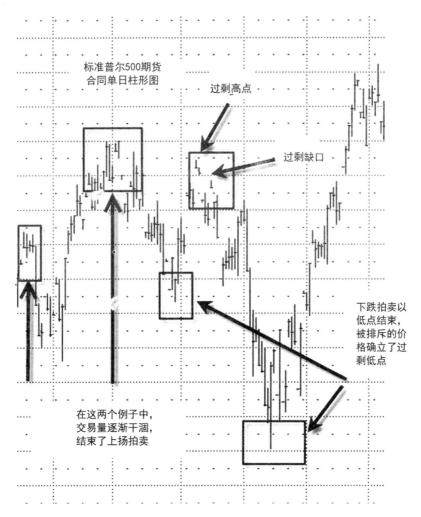

标准普尔500期货
合同单日柱形图

过剩高点

过剩缺口

下跌拍卖以
低点结束，
被排斥的价
格确立了过
剩低点

在这两个例子中，
交易量逐渐干涸，
结束了上扬拍卖

图 6.4　卖出过剩引发了中期买入竞价活动：标准普尔 500 单日柱形图，2005 年 10 月（核心区域）

图 6.4 中，标准普尔竞价在一个过剩的高点处结束，这表示价格上涨得过高，对买家来说有失公平。而在第二天，过剩缺口也出现了，说明价格上涨得过高。如果在竞价结束时出现一个缺口，而且与最近的趋势都背道而驰，这说明市场信心正在重建。教育心理学家弗兰克·帕杰

尔总结了托马斯·库恩在《科学革命的结构》一书中的开拓性观点：

从一个处于危机中的范式转变到一个拥有新传统的范式中，这并不是一个积累的过程。这是一个从根基开始重建的过程。这个过程中，方法和应用都出现了改变，规则也发生了变化。

总而言之，所有的落后者最后都会处于"倦怠期"，而市场也开始重拾信心，继续发展。

一个过剩的高点或低点都会在交易量较少的情况下出现。大多数投资者的想法都与这个原则背道而驰。例如，许多投资者都认为，下降中的竞价活动在末期出现的妥协，也就是说，此时所有的卖家都纷纷卖出，都是因为交易量的大幅度上升。但是，这与我们讨论的所有原则都相左。例如，当市场的交易量处于健康状态，而掉队者（也就是格兰维尔所称的"晚期适应群体"或"落后者"）也卖出了他们的库存，但过剩突变上显现出来的最后价格却不是因为大宗交易量而形成的。大多数人都错误地认为交易量是交易双方妥协的结果，其实交易量是一种完全相反的行为的结果。当买家大量出现，而下降的价格也快速遭遇排斥。在过剩状态的高点和低点形成后，市场上也会出现混乱，此时交易量通常会出现与整个竞价趋势背道而驰的反弹。

智力和情感的集合

一个趋势结束且一个平衡状态开始的最常见的情况就是，与趋势相同的交易量的下降，并且出现了一个过剩状态的高点和低点。竞价即将结束时也是机遇和风险并存的时机，在这个关键时刻，风险和回报是呈不对称性存在的。如果趋势下降，竞价活动也呈下降状态，那么能够正确辨认这个低谷并持续买入的投资者就会承担较低风险和较高回报。这看起来十分简单，但在实际操作过程中，这些"革新者"要克服各种情绪障碍，并且要违背看跌的大趋势而不断买入，其实并不容易。在很长一段时间内，市场可能一直处于直线下降，所以买入的决策是与常识相左的。所以与大众观点相背离并不是一件容易的事。有人曾经说过，成为一个异类无疑是一种社会性的自杀行为。成为一个成功的交易者/投资者，就必须要让自己的智慧和感情协调一致，但要做到这点并不容易。

在价格变动的图表上，我们可以看到趋势结束逆转时间被拉长了，而最后的价格下降也很快遭遇了否定。如果你发现这种下降伴随着小额的交易量，那么就说明"此时买入风险较低，而回报较高，所以是最佳时机"，但是如果反弹的速度过快，那么你的情感可能无法与你的理性思考保持一致。这种认知的分歧可能会让你犹豫不决，而错失了时机。

在这个例子中，卖空的投资者（对于一个长期的基金经理人来说，"卖空"意味着把持现金，或者在市场中打持久战）没有注意到竞价活动即将结束，这样一来，他们就需要承担较高的风险，获得较少的回报。而接下来的小幅回升通常是剧烈且快速的。如果你是一个大额基金经理人，你通过分析并没有发现竞价活动正处于颓势，一旦逆转开始，市场的流动性受限，你就需要在行为方面做出大幅度的妥协。

加快学习的步伐

阿波罗 12 号的登月旅行一直让我叹为观止，据报道，其着陆点位于目标位置 15 米之内。我认为这次行动的成功取决于一批智者不懈的努力，他们对此进行了精密的运算，将火箭发射到了太空，然后等待其着陆月球。我很惊讶地了解到，80% 的时间里，阿波罗号都处于偏离轨道的状态，所以时刻需要轨道矫正。如果没有这些智者精密的空中运算，阿波罗号可能会消失在太空中。

我们研究自然科学，总是通过不断的科学性询问，得出一个又一个结论。每当我们的思维与"正确答案"相交时，会瞬间迸发出无尽的喜悦。人类总是在寻找实际的答案。可我们总是倾向于选择那些与我们的预想一致的答案，这就难免会造成视野的狭隘、短视，最终以利益为先。

自然科学与市场生成信息分析的区别在于，我们用以指导分析的元素是在不断发展的。我们使用的恒量就是**变化**。当然，没有变化就没有机遇，所以我们应该欢迎变化。但是我们需要花费大量的时间和精力才能掌握本章所讨论的分析模式。无论在哪一个领域，经验都是无法替代的。在交易的过程中存在着许多复杂的因素，所以想要快速掌握这些宝贵的经验也是很困难的。尽管我们在本书中讲解的道理并非深不可测，但如果想从一个新手速成为一个行家里手并不容易。如果你想将自己的交易技巧从熟练提升到专家级水平需要花费大量的时间。想想在一场比赛中，一名普通的篮球运动员和迈克尔·乔丹在驾驭赛场方面必定是存在巨大的差异。据记载，乔丹总是在坚持不懈地训练，研究磁带录像，在体育馆里待到很晚，即使在极为疲倦的状态下也不断地练习罚球动作。

如果你想成为一名技巧纯熟的投资者或交易者，就必须完全投入到市场的竞价过程中，经历一系列类似的情况，直到你开始了解这个过程在实际情况下是如何操作的。如果你仅仅关注长期市场，就需要花费数年的时间才能摸索出市场过渡活动的类型模式，但是你仍然很难在利用这一信息时，让自己的理智和情感保持协调。我们这里讨论的所有内容适用于所有的时段。为了加速学习的过程，我们建议你同时研究一下短期市场，仔细分析在中期整理形态内短期时段是如何达到平衡的。这样你在操作整个竞价过程时会更加自信，也会对各类时段交易的行为和动机更为了解。

巨变的前奏

要想检测趋势的开始和结束，需要先看一下 2006 年 5 月的证券市场，其为我们的市场剖面图提供了一个典型的例子，此时美国资产净值市场进入到了长期上升趋势的第四个年头。5 月 5 日，星期五，市场收市后，我和芝加哥一位从事长期交易的朋友威廉·肯尼迪发表了自己的观点，我认为我们现在对竞价强度和信息的一切分析，从市场长期发展的角度来看，其实都在告诉我们市场此时处于高风险中。上升的竞价活动，上扬的价格伴随着不断下降的交易量，而且在市场剖面图上，交易量并没有均匀地进行分布。综上所述，我拒绝在前两周进行买空交易。另外，我还表示此时如果卖空也是十分危险的，因为还没有卖家发出信号，只有一些小范围的买入行为发生。**当你感觉到孤独时，最大的市场机遇即将降临。**如果卖空存在很大风险，并且长期卖家还没有出现，我此时决定买入无利价值的看跌期权，因为我感觉到，市场为检测买家是否在现有价格水平上会保持现状，而将竞价价格持续压低。

回忆一下我们行为的微妙性：我们不去预测，我们会评估所处交易部位的风险性。如果交易部位的风险超过了平均水平，我们一定会选择退出，并且会重新选择那些低风险、高回报的交易部位。一旦交易部位建立，我们就会继续监视竞价过程。没有人预见到 2006 年 5 月市场的下跌趋势会继续发展，而竞价活动也继续进行直到完全结束。

我们再来看一个强势上涨的市场，然后继续讨论，以此来与 5 月份的竞价活动进行比较。

图 6.5 表示的是一个强势上涨的市场类型。你会注意到市场的趋势是如何上涨、平衡，然后又继续上涨的。趋势的势头越强，那么其与下面的平衡区域之间的距离也越大。随着竞价的进行，距离也会逐渐缩小。在趋势的末期，价格会继续增长，但是下一个平衡区域通常会停留在前一个平衡区域的上部。

长期趋势通常就像楼梯一样，每一个平衡区域都像一节阶梯。你在图 6.6 的每日柱形图中，会发现竞价活动会向下楼梯一样不断下跌。图 6.5 中展示了一个上升的趋势，此时的趋势就像上楼梯一样不断上扬。你会发现同样的证券，通过不同的时间间隔来表现后，出现了差别。这就是为什么我们建议你分别通过每月、每周和每日的柱形图来分析同一个证券，这样你可以扩大视野，并确认自己的时段。

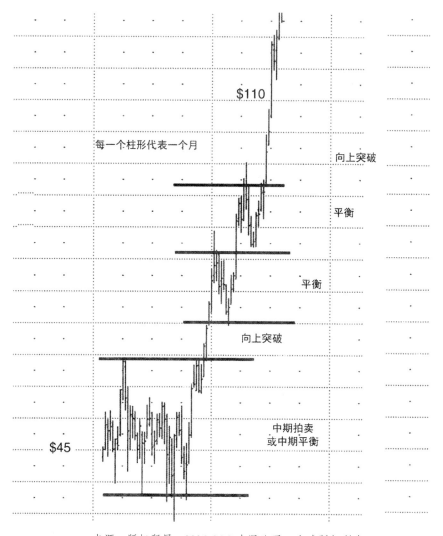

图 6.5　趋势上涨市场的共同形态：瑞士联邦银行每周柱形图，2004 年 1 月到 2006 年 5 月

图 6.6 中下降的竞价活动接近尾声，你会发现较低的平衡区域与前一个较高的平衡区域重合。这并不表示下降的竞价活动已经结束，这只

是过程延时，所以保持空头部位的风险性也大大增加。如果你是一个长期投资组合经理人，在下跌竞价的这个点位上，长期持有证券或现金的风险也会大大增加，你可能会想更换新的交易部位，或者改善目前的交易部位。如果竞价活动即将结束，那么保持低水平地投入资金将会大大增加长期回报。

当趋势出现了"倦怠"，就会表现出更多的波动性，也不会直线性向某一个方向发展。另外，此时交易量会减少，有些时候，与趋势方向一致的竞价活动也会比与趋势相反的竞价活动拥有更少的交易量。

刚才我们比较了这两种竞价模式，现在再来看一下 2006 年 5 月之前的标准普尔 500 每月柱形图，看一下该指数的非线性突破。

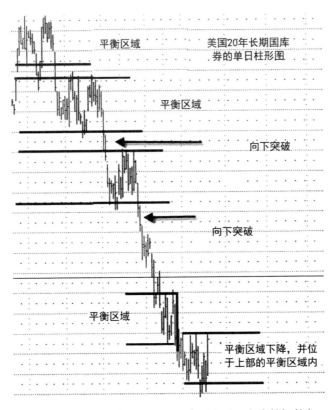

来源：版权所属：2006 CQG 有限公司。全球版权所有。www.cqg.com

图6.6　趋势下跌市场的共同形态：30 年美国长期国债每日柱形图

我们在图 6.7 中发现了一个长期趋势。你可以轻易地下结论，在 2000 年 3 月的高点和 2002 年 10 月的低点之间的市场处于整理形态（平衡形态）。市场在两个点位之间保持平衡状态，自 2003 年 3 月的上扬突破开始，市场就稳步上涨，这个过程持续了三年。但是没有人有足够的耐心和远见，所有的人都认为三年的小幅回升是市场的看涨信号，尽管此时的市场还处于一个长期的平衡状态中。（一个基金经理所能采取的实际措施就是要将其看作一个看涨的趋势，因为，如果他不这么做，就无法赢得客户的信任）约翰·马德林在他的《牛市投资：透视市场，寻求实际回报》（纽约：约翰·威利 & 桑斯，2004）一书中告诉我们，市场的整理形态持续几年十分常见。事实上，他认为熊市之后，为期最短的整理形态是 8 年。我们现在处于这段时期中的第六年，当 2000 年 3 月到 2002 年 10 月的平衡状态被突破后，接下来的市场将会更加活跃。

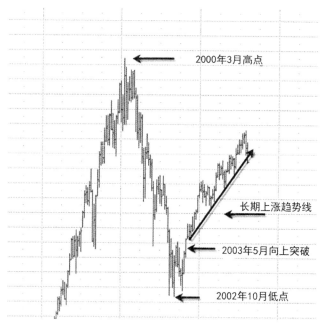

来源：版权所属：2006 CQG 有限公司。全球版权所有。www.cqg.com

图 6.7　标准普尔长期上涨趋势的发展：标准普尔 500 每周柱形图

　　趋势形态和整理形态的分析策略有所不同。有时市场变化莫测，且同时表现出了两者的特点。"最终的答案"就是要保持灵活性和开放的观点。如果你想成为一名优秀的基金经理人，而不想成为一个保持多头部位的趋势交易者，那么买入、持有和保持大额投资之间存在很大的差异。上一次，我在一份有关基金经理人持有报告中发现，交易部位平均保持的时间为一年。多数情况下，基金经理人"买入并持有"的情况常常少于他们进行大额投资的情况。我在瑞士联邦银行的金融服务部工作时，基金经理人研究小组总是向我定期报告研究结果，我观察了数年来基金经理人的业绩，发现只有少数经理人长期买入和持有证券，据我观察这并不是行业规则。也就是说，在市场中要保持敏感性，而不要过于独断，这也是我们一直寻求的核心原则。当基金经理人劝说顾客买入并持有时，也存在细微的差别，也就是市场敏感度的不同。

　　图6.7中，如果你在趋势向上从高到低地测量价格之间的距离，会发现差距在5%。这个距离被称作一个**通道**。当市场的波动性增加，通道也会变宽，这个差距会扩大8%到10%。一般的理论会建议你在一个上扬的趋势通道底部反弹点位买入，然后在通道的顶部回升点位卖出。问题就在于，如果你此时不持观望态度，反而跟随下降趋势，达到通道的底部，而这个点位出现了一个下降的突破，这样一来你就已经获利（如果你还有机会调整的话）。更为糟糕的情况是，如果你在下跌趋势开始时，不是处于正面，此时出现一个强势的回升，让你达到了收支平衡点位。在这个点位上，很多基金经理人可能遇到问题。他们的情感总是告诉他们，"我现在不能卖出，市场可能会出现逆转"。但是一旦你进入这样一个区域，如果可以保持自己的相对位置，那你就是幸运的，且你的绝对表现会获得回报。

　　现在，让我们来看一个标准普尔500的短期交易例子，见图6.8的柱形图。

　　据《华尔街日报》报道，标准普尔500期货在2005年11月18日时，出现了向上的突破，交易量超过了 20 亿股。这段时间内，每日交易量在 16 亿到 20 亿之间波动（尽管有些交易日的交易量超过或低于这个范围）。如果在某一个交易日内，突破行为的出现伴随着大额交易量，并且以当日的最高点收市，那么表示价格的上涨可以吸引更多的竞价活动，也就是说，竞价会出现上升趋势。实际上，竞价活动的确保持了三天以上的上升势头。

所有的人都在努力寻找一个简单的答案，2005 年末，许多金融类谈话节目的嘉宾都预测市场在年末会出现回升，结果真的出现了所谓的"圣诞效应"。这些预测并不是回升行为的直接动力，所以也没有人重视美联储的犹豫行为中所传递出的暗示。对于那些总能客观关注市场变化，而不会感情用事的勤奋投资者来说，媒体总是能提供良机。

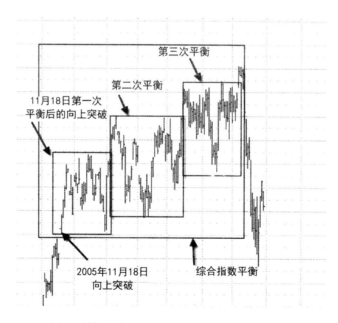

来源：版权所属：2006 CQG 有限公司。全球版权所有。www.cqg.com

图 6.8　平衡状态标志长期趋势的成熟：标准普尔 500 单日柱形图，2005 年 11 月到 2006 年 5 月（核心区域）

图 6.8 显示的是在 11 月份突破行为后，市场第一次恢复平衡状态，在下一个向上的突破行为发生之前，这种平衡保持了约 6 周。随着竞价活动再次上升的趋势，第二次平衡状态在趋势线上部出现，还是位于第一次平衡区域的内部，这说明趋势正在减弱，但还没有结束。2006 年的前两个半月内出现了第二个平衡状态。3 月 15 日，第三个上升突破出现，而随后的平衡状态与第二个平衡期相似。市场上不断出现的新高给予了投资者很多安慰，但是市场生成信息（时间、价格、交易量）却显示，持有多头部位的风险在不断增长。对于他们专注于收益的投资者来说，个体公司和标准普尔综合收益指数发布的市场强势发展报告也带来了很多安慰。此时，一家基金管理公司的发言者在一个每日金融节目中表示，如果投资者一直关注于收益，那么基金管理公司就不会出现问题。他可能知道媒体的谎言已经掩盖了事实，但是他也了解如果直接发布了有关市场的消极信息，就会影响到基金公司。我认为，他所说的只是一种外交辞令，不过是有原因的，因为公众的意志是一股不可忽视的力量，即使这种意志是错误的。

市场的机遇通常都是有时间限制的。如果你为了得到确认而在浪费时间，结果可能是大失所望。一旦投资者察觉到变化可能会发生，对于大的基金经理人来说，从中渔利，为时已晚，因为市场的流动性已经枯竭，而"变化"也成为一种"规则"。

关注市场的实际动向

2006 年 5 月 8 日的《华尔街日报》的一篇《均衡收益》的文章中引用了美林证券的经济学家大卫·罗丝伯格的话："每季度都可以获得丰厚的收益。"根据托马斯金融公司的报告，这篇文章阐述了标准普尔 500 指数所包括的 400 多家公司的季度报告，这些公司每股的平均收益比一年前高出 14 个百分点。根据托马斯的报告，该季度是标准普尔 500 指数第十一个收益达到两位数字的时期。根据《华尔街日报》上的描述，罗丝伯格认为"要注意到这些分析已经对接下来几个季度的收益进行了预测。"三天后，也就是 5 月 11 日，星期四，股市开始了大幅度下降。关键在评估风险时，不仅要关注收益，还要关注市场结构。不幸的是，分析弱势市场结构的文章并不吸引人，常常被认为是一种"技术分析"。

5 月初，我们开始写本章内容，讨论了一下当时的市场融合状态。我们到了 6 月中旬开始对本章进行编辑，可此时的市场还在继续下降。从 5 月 5 日的高点到 6 月 13 日周四市场收市期间，标准普尔期或下降了 8.18 个百分点，而道琼斯期货指数下降了 8.58 个百分点。而"专家"们还坚持己见。《华尔街日报》引用了某一公司经理的话，说道琼斯指数的反弹只是"暂时的"，该指数到年末将会以 12,000 点收市。投资者是否可以从中得到些安慰？《华尔街日报》还有一篇《美联储大刀阔斧，道琼斯突破记录》的文章。总是要有一个替罪羊，这样所有的人都可以尽情发泄自己的焦虑和愤怒。也不能将市场的下跌全部归罪于其结构问题。其实，投资者应该对市场的实际结构做历史性的梳理，这样才能在头脑中建立一个清晰的概念，成为一个真正具有竞争力的基金经理人。

反趋势竞价

上升趋势变弱的另外一个标志，可以通过观察反趋势竞价，这些竞价大多数情况下都比顺势竞价要更为强势。图 6.9 表示在 2006 年 5 月 11 日市场出现非线性波动之前的最后几天内的运行情况。

5 月 5 日，星期五，标准普尔期货指数出现了上升突破，同时也出现了一个合约期新高。《华尔街日报》报道了这一天的交易量，到收市时为 16 亿股，这是我们之前讨论范围的下限。如果市场吸引了众多新买家，还存在真正的潜力，那么趋向合约期新高的向上突破可能会超过交易量范围的上限。投资者常常感叹"当市场处于高点时，没有人会说实话。"但是从某种程度上来说，真实的情况是，小额交易量常常会伴随着上升性突破。

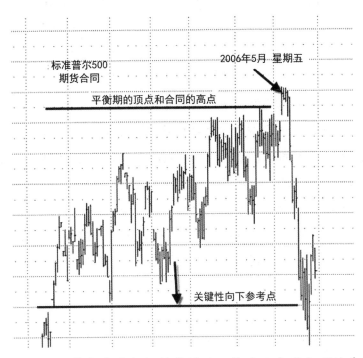

图6.9　反趋势竞价的上扬趋势强劲，然后又出现向下的非线性突破：标准普尔500单日柱形图，2005年11月到2006年5月（核心区域）

　　在接下来一周的前三天，标准普尔的高点还是没有突破，尽管此时道琼斯指数也没有达到新的顶点。我们再来评估一下持有多头部位的风险，一旦竞价市场没有达到平衡区域的高点，那么此时卖家可能会出现，而竞价价格也会出现下降，到达平衡区域的相反的一端。换句话说，此时持有多头部位是不利的。回忆一下，在本章的开头，我们就表示，一旦市场出现了交易过剩，就会形成一个新的平衡区域，而此时的市场也会开始向下的非线性运动。竞价活动如果没有在同一个发展方向上建立价值区域，而价格也进入了以前的价值区域，那么竞价市场会出现下降，且向价值区域的相反方向发展。见图6.9，我们可以对一个由前三个相互交织的平衡区域组成的综合平衡区域进行定义。

5月11日，标准普尔开始了向下的非线性运动，到6月13日市场已经下降了8个百分点。那么这些资金损失是否可以避免呢？我们认为的确可以。当全世界都在讨论道琼斯指数只达到了历史高点的80%，分析家不断地做出预测，市场中的许多异常行为都没有得到合理解释，而同时也反映了市场的真实情况。有些专家说，市场的下跌是因为市场并没有如美联储的新主席本·伯南克所描述的那样。但是，早在12月初，人们还没有把目光都投注到这位新主席的身上时，市场结构就显露出了颓势。我们在解释市场生成信息时，在每日市场剖面图中，发现了不断重叠的平衡区域、小额交易量、分配不均以及那些与顺势竞价相似的反趋势竞价，由此我们得出的结论就是：市场的上升趋势不会再继续。我们的问题是：当金融节目不断向我们传递虚假信息时，真正的专家在哪里呢？

努力超越"标准"

在《科学革命的结构》一书中，托马斯·库恩描述了，当反传统、反期待的新情况出现时，科学理论会出现哪些主要的变化。这种变化首先（或者说是剧烈地）遭到那些在所谓的科学"事实"上的投资的抵制。马克莱姆·格兰维尔认为人类的努力中总是充满了动力，而"革新者"总是最先发现主要趋势的变化。这些科学领域和金融领域的革新者都会受到执着于现状的大多数人的排斥。最后，当每个人，包括那些"晚期适应群体"和"落后者"都意识到变化的产生，可是早在他们跟随变动之前，利用变化的最佳时机已经过去。

2006年5月市场出现的主要情绪波动就是这样一个典型的例子。几乎所有的人，包括金融媒体、专栏作家以及分析师都认为市场将会超越历史新高。听从了他们的建议而买空的投资者是十分不幸的，市场的运行出现了变数——一系列新情况出现，那些能够把握时机和方向的投资者及时了解到这一点。而这些买家最后都变得"倦怠"（也就是我们前面提到的"妥协"）。没有人愿意第一个迈入鸿沟，这也是人性使然，此时卖家出现，而市场也发生了颠覆性的变化。

相对回报经理人通常会深陷某些市场波动中。（相对回报指的是，一个基金管理团队如何根据基准调整自己的相对投资表现）这是因为他们的客户，包括那些退休金、捐赠、基金和个人证券，总是在他们错失一个市场上扬趋势时，对他们进行惩罚。结果就是，大多数的经理人都在市场出现大幅度回升（如，在突破行为之前的三年期的回升）时全力投资。投资组合经理人和投资公司在这些时候是无法承担"投资不足"所带来的风险的，相对而言，他们宁愿承受行业大幅度下滑的致命风险。

当基金经理人不断卖空，脱离市场，还错失了下一个上升的时滞期时，他们就要面临名誉扫地（更不用说自信心全失）的境地。对于那些仔细研究过市场结构，且能够提供理性投资决策的经理人来说，投资行为本身的内在风险可以大大被降低，所以在历史书中，成功的例子和脚注是拥有截然不同位置的。

提前行动，受益无穷

我们已经花费了很多时间来比较趋势型市场和整理型市场的不同。回忆一下，我们将市场中的主要趋势看作长期的过程，而整理型市场被视为中期过程，这是两个截然不同的时段。我们已经讨论了风险和预测的区别。我们永远无法了解市场究竟可以运行到什么样的高点或低点（这一点通过竞价过程，我们已经一目了然），但是我们可以对目前所处的交易部位可能存在的风险进行评估。确认当前市场结构至关重要，要仔细观察市场波动和交易量变化与价值区域的关系，这样才能确定竞价活动是否能继续。你在竞价过程中所处的时段一定要出现大额的交易量、不断顺势而行的价值区域转移，并且还要有不断延长的市场剖面图结构。

总而言之，如果市场处于上升的趋势中，而价格的不断上涨吸引了新买家，也促进了交易量的上升，那么价值标准就会不断上升。反之，如果价格的上涨并没有促进交易量的上升，那说明价值标准远低于价格，那么价格向下波动的可能性较大。

如果你能够及时确定市场的变化，且采取行动，那么比起那些等待证据充足然后再行动的投资者来说，你能更快地抢占先机。当今的投资领域竞争激烈，比其他人多出几个百分点的回报就已经十分难得了。

第七章　短期交易

成功就在于，当周围的人将自己的损失归罪于，你可以保持镇定；当所有的人都对你提出质疑，你还自己坚信不疑；你可以克服厌倦继续等待。

——鲁亚德·克伯林

在我们开始短期交易之前，先回头看一下我们称之为"交易者发展集合"的统一体。我们只有了解了不同时段处理并分析信息的方式，才能确认自己所处的时段。

- 长期策略
- 中期策略
- 短期交易
- 日内交易
- 投机行为

长期交易或投资理念都是经过细致、条分缕析的分析方法得出的，并不关注短期的细节。位于集合另一端的投机者通常都是无意识的，他们所依赖的技术就是死记硬背以及照抄照搬，对他们来说，长期信息过于缓慢且烦琐，所以让人烦躁不安、备受折磨。

中期和短期交易需要投资者给予更多的关注，同时也需要适当的灵活性，因为在这两种时段内进行成功交易需要不断地重复保留、取消以及处理大量信息的过程，这些信息包括各类繁杂的事件以及市场指标。从当前的市场结构中所提取的数据通常是我们已知信息的有效补充。当旧有信息受到新数据的连续冲击时，需要保持灵活的头脑，不断地对宏观市场和每日的竞价细节进行评估和再评估。

在进行长期交易时，不需要过多注重细节信息，但是如果进行日内交易就需要你完全投入短期市场环境中，这样你可以对每日不断变化的数据进行快速、本能的反应。我们并不是说短期交易就"易如反掌"，只不过，短期交易中所需要的分析性数据并没有长期交易信息所具有的内在关联性和复杂性。

想一想你自己的思维过程，是否与上述的"交易发展集合"具有同样的发展阶段。你是否突然了解到，个人的强度（或弱度）决定了其在时段集合中的位置。"分析师"如果从事日内交易一定会大失所望，而直觉式投资者，拥有很强的复制反应机能，也可能会在长期时段下备感挫败。这个问题在理论上似乎一目了然，但在实际操作中要更为复杂：总体而言，如果你想了解市场，就要先了解自己。

无论你要在什么样的时段下进行交易，市场剖面图都会为你提供一个清晰的市场活动情况，其捕捉复杂信息的方式与人脑理解复杂信息的机制相一致。市场剖面图将所有参与者的行动都融合在一起，这有助于你在交易时保持冷静，即使在市场出现危机，你的血压上升、机遇也溜走的时候，你也可以平和面对。

我们在解释短期市场活动之前，还要了解：成为一个成功的交易者，你需要掌握的最重要的机能就是区分"价格"和"价值"的能力。这一点，专家交易者自然而然就可以做到。而市场剖面图从本质上来说，总是在整个时段集合的基础上组织信息，这样使得你能够对价格建立和改变的方式一目了然。区分价格和价值是最难内化的一种能力，这种能力在理解和有效利用市场生成信息方面至关重要。

记住，竞价活动的基本目的，就是宣传机遇（或者说是价格），在市场的所有参与者之间公平、有效地平衡竞价和出价。如果你学会通过市场剖面图来解读市场生成信息，那么你也就学会了解读价格趋势，这是任何时段下成功交易的关键。

短期市场分析

短期交易没有一个正式的定义。短期交易通常会持续一天或几天，甚至几周。无论你处在什么样的时段下，你在进入和退出市场的那一天都是一个日内交易者。在日内时段下，保持一个有利的交易部位，对交易过程的熟悉都有助于你在其他任何时段内成功地进行交易。现在让我们进行详细的讨论。

我们先分析前几天的市场活动，确保可以在交易当日，也就是你打算开始交易的那一天，保持一个有利的交易部位。你要像专业的运动员一样，分析过往，从而保持竞争力。网球明星安德尔·阿加西是在研究了无数比赛录像后，才获得成功。在投资领域情况也相同，如果想要保留一个有利的交易部位，就需要了解市场以前的行为，这样才能在你交易的当天有效地分析市场活动。

在图 7.1 中的第三个交易日，你会发现市场的开市部位，就位于前一天收市以及价值标准的上部，这也是一个早期的重要参考点，因为前一天出现了一个高点，而前一个交易日的市场剖面图的形状较宽。记住，如果让市场偏离了一个建立起来的价值区域，就需要力度，这一点可以在交易量上体现。价值区域越明显，例如在图 7.1 中第二个交易日的中心点，那么你就应该给予更多的重视。一个宽阔的价值区域相当于一种支撑，因为许多市场参与者都认为这种情况下的价格对双方都比较公平。当一个交易日出现了一个较宽的市场剖面图，除非第二天的竞价活动出现了大额交易量，如果这种情况出现，那么价格很有可能会再次回到价值区域的重力中心点位。

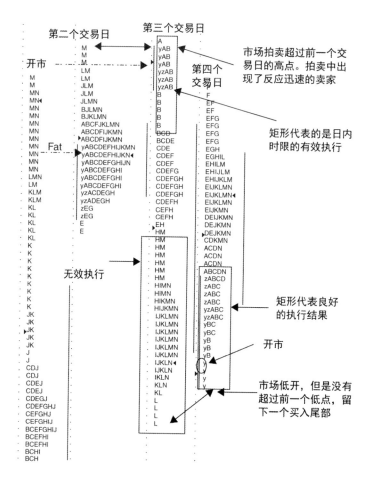

来源：版权所属：2006 CQG 有限公司。全球版权所有。www.cqg.com

图7.1　前一个交易日活动情况分析：多时段单日剖面图

　　在第三个交易日，也就是我们打算开始交易的那一天，开市的价格低于第二个交易日的高点。当价格超过了这个参考点后，反应迅速的卖家会立刻行动，价格也返回到前一天价值区域的中心点，而第二个交易日明显的价值区域也开始实施其牵引力。如果你要确保交易活动在这个交易日可以顺利进行，需要先回顾一下前一个交易日的市场活动，然后再回顾市场前一晚的活动，这样就可以大致了解市场开市部位。我们在前一章已经说过，你要先确定市场是处于整理形态还是趋势形态中。如果市场处于整理形态，你要仔细留意整理区间的高点和低点以及市场的长期参考点。如果市场处于趋势形态中，你需要注意趋势的方向和信心，这些信息都属于市场的环境知识，过分注意细节可能会模糊你的短期分析判断。市场开市后，你需要寻找一个与前一个交易日的价值相关的交易部位进行卖出交易，你可能会在寻找卖空交易的部位，或者想要以低于价值的价格买入。

如果你可以将价格看作一种宣传机制，就能更深入地了解市场。你一定也想学习如何评估市场对于每一次宣传而产生的集体反应，不幸的是，大多数交易者都只关注价格，而不是其品质，所以他们的长期表现也就不难预测了。

在图 7.1 中的第四个交易日，市场以低于前一个交易日的价值区域的价格开市。该价格很快被反应灵敏的买家所接受，我们可以在图中的 y 阶段看到一条买入尾部。在这个交易日，买家需要迅速反应，而卖家则保有考虑的时间。由此我们得出一个重要（也是最频繁提到的）的结论：机率和市场的风险/回报并不是一回事。例如，我常能做出竞价上涨的正确评估，但是在这样的市场环境下，我可能还是会选择卖空。为什么？因为目前的市场处于短期且看涨的趋势中，所以此时卖空的风险最小。这一方法适用于任何时段。我们想用这个例子说明，一旦竞价结束，市场短期内上涨的可能性较大，而价格升值的潜力相较于价格贬值来说更小。

例如，我们预计，如果市场上涨 75%，那么回报将达到 3%。但是，由于价格上扬是在整个竞价活动的末期出现，所以价格可能会突破该水平，并且产生 20% 的损失。据《纽约时报》报道，自从 5 月份开始，小额资金比例下降了 10%，而市场上升了 20%。结论很清晰，当市场出现了向上的突破，后期入市的投资者还在不断买入，且可以不断地获得回报。但是与风险相关的潜在回报就无法接受了，事实上，竞价活动通常在剩余买入者（也就是格兰维尔所谓的落后者）中间出现了最后一次价格上扬后结束。

我们在使用几率这个术语时，指的不是通过数学计算得出的几率，而是逻辑上的几率。如果价格的上涨没有使得投资者加大了买入力度，那么从逻辑上来说，这次竞价就可能会终止，然后逆转。如果价格的上涨使得投资者加大了买入的力度，那么从逻辑上来说，这次竞价可能会继续，甚至会加速。我们所描述的这个过程依赖于我们观察到的投资者的行为，他们的行为都反映在包含价格、时间和交易量元素的多元化图表中，也就是市场剖面图。

随着我们对于短期交易讨论逐渐地深入，我们会继续研究交易部位是如何影响每次交易所含的风险。我们总是在寻找不对称的机遇，也就是说成功的几率超过了50%，盈利的可能性超过了损失的可能性。事实上，如果我们要对市场剖面图中所包含的信息进行排名的话，那么最重要的是"不对称机会"，这也是成功交易的关键。

惯式思维陷阱

成功的短期交易一个重要元素就是了解并避开我们大脑所设下的陷阱。第一就是一种自然倾向，如果某种情况发生了一段时间，且与你的交易时段相关，你总会认为这种趋势一定会继续发展下去。你认为这种重复性可以有效地帮助你预测将来的情况，所以你会沿着这个趋势发展的方向进行下一次交易。虽然我们提供了大量的实例，向你解释如何进行正确的判断，但是人总是健忘的。所以只有重复的越多，才能规避更多的风险（我们认为大概如此）。最近，我们在新兴的市场上就经历了这样一幕，市场在2006年的前4个月上升了约20%，黄金价值上升了约40%，而铜价翻了两倍。但是投资者并没有考虑其中的风险，而是一心放在市场的回报上。那么短期交易者也能参与其中吗？即使之后突破行为使得市场开始急速下降。是的，当然可以，他们只要将我们在本书中讨论的竞价逻辑应用于市场中，就可以，而不要仅仅追求速成。如果价格的上涨伴随着高额交易量，而接下来的平衡区域也不断地上升，那么该交易活动继续上升的可能性较大。同样，如果价格的下跌伴随着高额的交易量，而平衡区域也不断地下降，那么竞价活动继续下降的可能性较大。

投资者容易陷入的第二个陷阱是过于简化数据，这会使得其得到的结论与事实完全相反，同时也会造成对机会和风险的不当处理。例如，自从 1982 年芝加哥期货交易所首次引进市场剖面图起，许多的金融服务公司都纷纷依据这一创新工具来提供交易服务。这些金融服务公司都宣称可以为客户提供最快速、最稳固的交易策略，告诉你在每一种市场剖面形态下如何行动，这些形态包括买入和卖出尾部、区间延伸等等。这些公司还尝试要根据过去的均值来预测将来每一段时期的市场范围。曾经有谚语讽刺的就是这种平均情况，说的是一个人，头在冰箱里而脚在烤箱里，他说，"我现在的平均温度正好"。

但是人们总是希望这一次会有所不同。

人类总是渴望有预测未来的能力，不幸的是，这种能力，就像刚才举的那个平均温度的例子，会毁掉你的交易生涯。从某种程度上来说，事情总是在不断变化的，而大环境也在不断变化。如果你在一个不断变化的市场中，采用一成不变的交易策略，那从长远的角度来看，你一定不会成功。

我们认为，成功需要满足两个条件中的至少一个：在适当的时机进入适当的市场，并且（或者）采取适合当前市场条件的策略。生活中有优秀的牛市交易者，也有优秀的熊市交易者，但是他们中有多少是保持一成不变地进行交易的呢？我们周围也有成功的波动型交易者，同时也有的交易者在市场开始升温时却选择保守交易。总之，我们发现要使用不同的策略来适应各种不同类型的市场，但是，如果你想增加长期交易成功的几率，就要成为一个双脑并用的交易者，并且要适应任何市场。首先就是要在正确的大环境下看准信息，然后在交易中采用客观、灵活的方法。

短期交易的时机和获取途径

我们可以教授并研究无数市场细节，但是这些永远无法代替真实的市场。市场剖面图将市场活动形象地表现出来，使得我们可以清楚地看到一些市场细节。为了更好地解读这些信息，你需要了解剖面图的构图过程。做到这一点，就可以在交易日结束之前，快速解读整个剖面图，你也可以体会到创造的快乐，并且在学习的过程中实现一个非线性的跳跃。

到目前为止，我们清楚地了解一个事实：市场是无法预测的。虽然说我们可以总结一些特殊的形态，并且研究出在这些形态下的应对策略来聊以自慰，但不幸的是，事情不是这么简单，每一天市场开市时，都会受到各类新情况、新的参与者以及新的因素的影响。总之，事物总是在不断变化的。特别是在短期交易中，每一个新信息都十分重要，可能会影响市场行为，也可能不会对市场行为造成影响。因此，为了平衡这一章的内容，我们将会为你介绍一系列的短期交易机遇，让你了解思考、分析的框架，同时也实时地评论市场活动。

中期整理形态的机遇

成功的短期交易通常都位于中期整理区间内部或边缘，并且要包含下列部分。

- 从平衡状态突破。图7.2显示了在一个内包日（当最近，每日的交易范围都位于前一个交易日的范围之内，就形成了一个内包日）之后在平衡区域发生的一次突破。这就是一次高胜算操盘。如图7.2，关键就在于，一旦突破发生，要仔细观察竞价活动是否会继续。

- 避开整理区间的两个端点。如果出现不对称的交易机会，也就是潜在回报大于风险的情况，此时，你需要避开（或者相逆而行）价格位于交易区间端点的竞价活动，尤其是在出现价值区域重叠的多时段交易日内。这也是突破性交易的一个反例，特别是当价格竞价趋向于平衡状态的一个端点，而交易量却持续下降。

- 在图7.3中，市场回升到一个新高，然后竞价逐渐枯竭。因为交易者通常要花一些时间才能克服价格的影响，市场也要保持这种状态，直到所有的交易者都发现市场回升状态已经结束。一旦这种意识成为一种共识，你行动的时间就十分有限了。所以你事先要做好准备。

- 整理形态突破。图7.4显示的是从一个中期平衡状态中产生的突破，这对于中期和长期交易者来说，是同样的一个交易过程（相对于从平衡区域出现的突破）。在主要的突破点，各类时段融合，同时市场的波动性也在增加。

我无法快速并确切地定义"中期"或"长期"时段，但还是愿意跟随任何从平衡区域开始突破的行为。同样的，如果交易量不能支撑在那一个价格水平进行的竞价，我会避开这个平衡区域。有时，市场会处于完全的平衡状态，而交易量也无法反映任何有意义的信息，此时我只要耐心等待下一个新的竞价活动的开始。

技术指标

我们通过一些关键的技术指标（而不仅仅是依赖于技术指标）来观察市场行为，这是至今为止，出现的另外一种市场生成信息。大多数情况下，技术分析是我们了解市场和从事交易活动的对立面，因为其忽略了时间和交易量，而这两个元素都是市场结构的重要组成部分。一个经典的例子就是移动平均线，这是最流行的技术分析工具之一。一条简单的移动平均线有某一固定时期的交易证券的平均价格组成。例如，一条 5 日移动平均线，只要用过去 5 天的收市价格总合除以 5。我们对于移动平均线的不信任源自于一个事实：移动平均线对所有的价格都一视同仁，并且无法区分大额交易量或小额交易量下的价格，也不能指示当天竞价市场的发展方向，所以可能会对交易者造成误导。

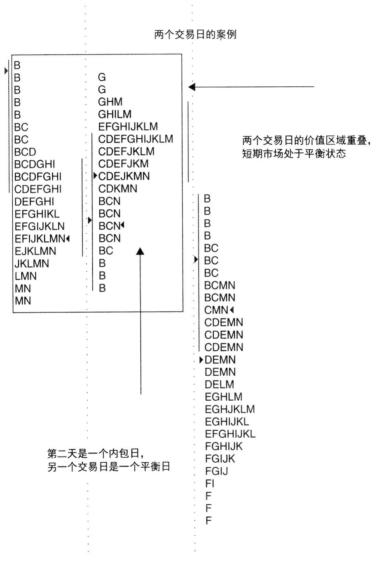

来源：版权所属：2006 CQG 有限公司。全球版权所有。www.cqg.com

图 7.2 内包日后，从平衡区域开始的突破：多时段单日剖面图

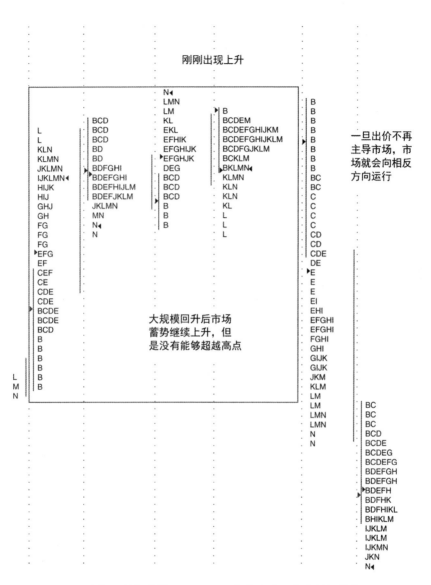

图 7.3 标准普尔 500 的平衡区域端点：多时段单日剖面图

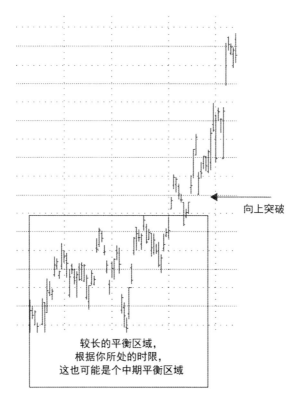

向上突破

较长的平衡区域，
根据你所处的时限，
这也可能是个中期平衡区域

图 7.4 　一个中期平衡区域开始的突破：单日柱形图

　　为了延伸移动平均线，我们先来检查一下保利加通道，其依据于一个传统理念，就是价格总是会回到价值水平位上。这条通道有两条带状区和一条中心线组成，代表着一条指数移动平均线。这些带状区代表了在移动平均线上方和下方的偏离，这也被认作是一个真正的价值水平或价值区域。向上和向下的带状区域也就成为价格目标。例如，在一个上扬的趋势中，当价格趋向较低的一条带状区域，那么可以确定这种证券是卖空的状态，此时也是一个买入的好时机。我们所关心的是，仅仅依赖于价格元素的移动平均线，并不能反映价值的实际变化。依据于时间、价格和交易量的市场剖面图则提供了一种综合观察价值变化的有效方法。

我们对一些数学公式推导指标，如斐波那契数列等都存在同样的疑问，但这并不表示这样的指标是无效的。事实上，我们总是会遵循许多这样的指标，因为它们总是能为我们提供实在的交易信息。例如，最近，标准普尔 500 指数围绕其 200 日移动平均线进行交易，结果造成了市场波动性的增加，因为大多数的交易者、投资者及对冲基金经理都遵循着这条移动平均线。再例如，2006 年 5 月到 6 月期间，许多的市场专家都认为 200 日移动平均线会支撑 2006 年 5 月到 6 月期间的市场突破。我们通过市场生成信息和市场剖面图了解到的是，当市场竞价走低，交易量增加时，回升的交易量却减少，数据显示，200 日移动平均线也失去了其作用，而事实证明，一切的确如此。事实是，许多市场参与者仅仅关注某一水平或指标，使得市场的波动性在指标实际操作中不断增加，但是波动性也带来了大量的机遇。

早在市场剖面图出现之前，就有很多成功的交易者。我们认为成功的交易者清楚一个事实，就是当价格上涨，而交易量却下降的情况最终只会造成麻烦。其实不需要研究剖面图，你就会发现，一旦你接近了市场参考点，无论该参考点是一个长期的高点或低点或是一个标准的技术指标，那么如果交易量持续增加，你可能会被市场排斥，而如果交易量持续下降，你就可能会得到一个有意义的支撑或阻力价位。

你最大的敌人来自你的头脑

在我从事交易活动后不久，我开始明白我最大的敌人就是我自己。我开始阅读大量的心理学书籍，最终我选择了去研究神经经济学，这门学科包括了心理学、经济学以及神经科学，我终于明白了要如何去做选择。这一研究经历使我更加了解人类学习和评估的方式，以及大脑中的化学物质影响我们决策过程的方式。但是如果就这些课题进行探讨的话，就超越了本书的研究范畴。我们只是建议，如果你想在市场交易中取得成功，就要依靠于你对大脑处理信息的方式的理解。你对大脑的工作机理越了解，就对你的交易决策的真实本质越了解。你还会发现，有时需要重新整理大脑思路，来清除以前的无益倾向。我们在这里提到这一点就是因为，我们怀疑有些人很难区分价格和价值，他们不仅需要学习新东西，还要消除头脑中根深蒂固的思维模式。

我们要向你力荐一本《莫扎特的头脑和战斗机飞行员：释放你的大脑潜力》（纽约：哈默尼图书出版社，2001）的书，本书的作者医学博士理查德·赖斯特科这样写道："人的认知就是人的大脑参与、辨别和行动的能力。"他还列举了一些重要的认知元素：感知速度、学习、记忆、解决问题以及创造力，在我们看来，这些都是成功投资/交易必不可少的素质。

我们已经讨论过，保持平衡的市场态度十分重要，对市场剖面图的解读可以帮助交易者保持这样一种态度，特别是在解读单日和多日剖面图时。赖斯特科博士指出："专家不仅能客观地看待事物，而且还可以快速地觉察到事物何时会丧失大局观念。"我们已经讨论了很多有关时段的问题，了解到各类时段有时共存，有时汇合重叠，有时又会造成大幅度的非线性波动。我确定自己可以清楚地区分各类时段，如果将时段混淆起来，就会造成较大损失，同时也失去了环境信息。

当我第一次听到"认知分歧"这个词，也就是人的思想和行动矛盾而造成的冲突和焦虑，我并没有在意。我认为这只是一个心理学术语，并不适用于我。但是，在经历了几次动荡的交易后，我发现有几次让我损失惨重的交易都明显与我之前的分析相矛盾。我本来已经清楚地看到了机遇，时机也正好，但是，当需要开始行动时，我却无法拉动扳机。我不止一次地拉动了交易的扳机，却与我的研究结果背道而驰。后来，我对行为科学和神经经济学的研究帮助我减少了认知分歧所造成的消极影响。

例如，自从我对神经系统本身和其形成有了一定了解后，我就在交易方面完成了几次突破。大脑将我们反复的经验进行编码，最后形成了神经系统，这是多次实验的结果。在我清楚地观察并利用市场生成信息后，这些信息就在我的大脑里进行编码，然后帮助我克服认知分歧。赖斯特科博士还说过："通过几次游戏实践，我们发现这种神经系统要优于试算法。"

有些人可能不喜欢将投资和交易比作游戏，但是，我们同意游戏这个说法。著名电脑游戏"文明"的设计者西德·梅尔就将游戏定义为"一系列有意义的选择"。梅尔的定义帮助我们进一步地了解，压力是如何影响人们的行为的。今天，我已经学会了处理压力的方式（现在，我只会偶尔面对电脑屏幕抱怨几句），现在和我同处一室的人很难发现我的成败情况。这里我想说明的是，学习要先从理解开始，就像无论你要玩哪一款游戏，都必须先了解这个游戏。如果你想成为一名成功的交易者，也必须终身拜倒在市场交易这个"复杂游戏"的门前，抱着开放的心态和质疑的精神全身心投入市场中。当然，你可以选择成为一个投机者，了解很多有趣的现象，对于许多重要的数据资料也都如数家珍。但是事实证明，投机者总是这场游戏的输家。

寻找不同的模式

成功的交易大多需要你快速地行动，要与近期的市场波动反向而行，这样你才能成为一个反趋势交易者。作为一个反趋势交易者，你不再属于大众投资者。你必须要忍受孤独，有时还要招致朋友和同事的怀疑，甚至怨恨。我在大量阅读了有关大脑以及我们的决策过程的书籍后，越来越自信，在交易的过程中也可以轻易克服压力和认知分歧，特别是要与近期的市场趋势反向而行。特别是当市场趋势走强，更需要强制性地自我控制。以前，我常常在交易中无法自控，我总是无法接受自己错失了一次大规模的市场波动，或者进入了不利的交易部位，承受较高风险的事实。

我们来看几个实例，看一下交易良机情况下的市场结构以及由此产生的复杂情绪状况。首先，我们先来看一次反趋势竞价。

在反趋势回升开始之前，标准普尔 500 期货合同下降 21000 美元（见图 7.5 中的长条区域）。如果你从来没有进行过交易，就很难将这种情绪与市场波动联系在一起。就算是有经验的交易者也会因为市场在短期内的大波动，而肾上腺激素分泌大增，也就很难保持情绪上的自控和客观。我了解这是人类的自然反应，所以几乎不会在反趋势竞价出现大波动的情况下进行交易，因为情绪的力量实在是太强大了。

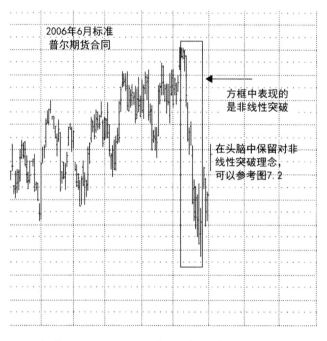

图 7.5　标准普尔 500 的反趋势回升（在非线性突破出现后）：单日柱形图，2006 年 6 月

图 7.6 有多种用途：第一是展示了从 2005 年 11 月到 2006 年 5 月之间市场出现的向上突破。（这与第六章中用的是同一个时段，这样确保理论上的连贯性）第二，我们可以清楚地了解从 2005 年 11 月到 2006 年 5 月期间市场的上升行为，一旦中期竞价改变了方向，开始向下运动，那么我们可以更好地了解这种行为是如何逆转的。第三，这

幅图反映了在竞价市场出现了非线性的、下降的趋势后，出现的第一个低点。

5月24日的低点标志着第一次反趋势（也就是上升的）竞价的开始。当市场的这个低点形成后，就很难确定这次竞价会持续多久。在这个例子里，我们可以清楚地推测出第一次反趋势竞价不会持续很久，当市场开始出现大幅度下降，需要一段时间才能恢复平衡，这也给了交易者喘息的时间。我则选择等待，并研究第一次反趋势竞价，并从中汲取到更多的信息。如果，经证明，这个低点是一个长期的过程，那么就有很多机遇可寻。现在我们再来仔细了解，如何通过市场剖面图来辨认反趋势竞价。

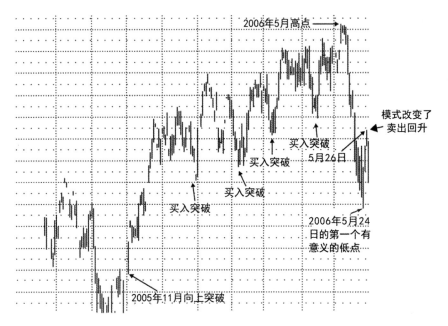

图7.6 长期上涨竞价以及接下来标准普尔500出现的非线性突破：单日柱形图，2005年11月到2006年5月

从2005年11月的上扬突破到2006年5月的高点在每一次突破时

买入都会让投资者得到高价的回报。交易者都喜欢一直做某件事，直到这种习惯无法再进行下去。一旦中期趋势出现下降的势头，那么交易者就会采取相反的策略，在回升期卖出，而在突破时重新卖入。如图 7.6，5 月 11 日的非线性突破后，在 5 月 24 日出现了第一个有意义的低点，这个低点标志着第一个反趋势竞价开始了。现在我们通过市场剖面图来宏观地观察一下这次竞价。

这个低点出现在 J 时段，而市场在剖面图的上部 1/4 处收市。第二个交易日，市场的价格和价值都出现了明显的上升。（我们对价值的兴趣总是大于价格）每一个剖面图右侧的直线标志着当天的价值区域。我们注意到第二个交易日被延长，这说明价格正在轻松攀升。交易量大约达到 16 亿，这比起我们之前的标准（16 亿到 20 亿是正常范围）是较少的交易量。而这提醒我们，竞价上升的势头较弱。但是，我们要从宏观的角度来看待个体指标，如果市场以高点收市，而当日的剖面图被延伸，就说明市场的回升还没有完成。作为一个投资者或交易者，你必须不断地收集、处理信息。我们总会发现，收集的信息会互相冲突，这种现象是由于不同时段的不同标准引起的。要记住，你常会看到中期竞价向一个方向运行，而短期及长期竞价却向相反方向运行。图 7.7 中，我们发现在回升的第三个交易日，剖面图如何纵向运动（从高到低），又如何横向运动（从左到右），这表明反趋势回升即将结束，或已经结束。另外，这一天的交易量较少，这也是回升结束的另外一个证据。这次为期三天的短期交易本应该在第三个交易日退出，但是第二个交易日出现了较少的交易量，这是一个早期预警，此时剖面图的形状和第三日出现小额交易量报告都表示，竞价继续的可能性十分微小。反趋势竞价也就是与趋势相反的竞价，通常都要求交易者可以较为迅速地退市。

你在交易前后，就需要了解一个重要的问题：市场表露出多少信心来支持你的决策？我们可以通过观察下列因素，来更好地了解市场的信心问题。

预计性动向，也就是市场预计会向哪一个方向运行。

- 伴随着方向性波动的交易量。
- 价值区域的变动，有几种模式，包括由重叠向更高、趋向更高、保持不变、由重叠向更低或趋向更低。
- 形态，也就是剖面图是被延伸、对称或是纵向运行。

我们已经说过，市场剖面图可以让你清楚地了解市场活动的结构图。假以时日，当你经验丰富时，就可以分辨出部分形态，从而了解当日竞价活动的进展情况。我们总是想要寻求一种高回报、低风险的交易，但是人类的大脑根本不可能精确地消化、理解和分析时刻影响市场活动的重重信息。我们的大脑所擅长的是熟悉常见的形态，而市场剖面图恰恰捕捉到了市场形态之间复杂和变化多端的关系，可以让你很快掌握。

《游戏设计的趣味理论》（司哥特迪尔，AZ：派拉格列夫出版社，2004）的作者拉尔夫·科斯特在书中这样写道："据我所知，人类的大脑总是在贪婪地吸收各种形态，就像一个柔软的灰色精灵，主管着人类的理念生成。对于人类的大脑来说，游戏绝对是一种美味的形态。"我们认为，问题之一就是，我们的大脑总是在寻找那些并不存在的形态。我们努力寻求那些支撑自己想法的形态，这就是人性。从投资的角度来看，如果你还受到电视媒体和"专家"通讯的蛊惑，那么这种趋势就更是不可避免了。我们的大脑长久以来都将真相掩盖住了。

科斯特的这本有关游戏和游戏设计的书十分具有启发性。事实上，交易也像是一场有输有赢的游戏，只不过分数是通过美元、美分和所有重要的市场记录来体现的，这些可以造就也可以毁掉一个基金经理人（更不要说一个人的财产了）。这就是我们为什么要反复强调一个显而易见的事实，剖面图的形状、价值区域以及交易量分配，都使得我们可以客观地看待市场透露给我们的信息。

价格和机遇都不是完全公平的

你所交易的时段越短，那么及时地设置交易部位就越重要。每次当你进入或退出一宗交易时，你都是一个日内交易者。图 7.8 显示的是日内交易时段下的信息，有关日内时段的细节问题我们会在第八章进行解释。

图 7.8 的前三个交易日，从左到右，都是由短期竞价和反趋势竞价组成的，这些我们在图 7.7 中已经讨论过。如果第一次反趋势回升势头削弱，那么我们可以预测在第四个交易日会出现卖空状态。而卖出尾部，也就是在开放的 B 时间款内有一组单独的下跌印迹，这代表开市时的高度信心。而长期卖家都从开市以来不断地加大卖出的力度。我们不仅发现他们的卖出行为进行得较早，而且还发现卖出行为恰恰在前一天收市点位的下方，这说明目前市场的普遍情绪是认为价格过高。

通过这个例子，我们想告诉你要关注剖面图中反映市场集体意志的指标。前一天收市的点位与交易当天的高点位置接近，交易者可以从中得到安慰，从而放心地保持自己买空的交易部位，认为如果需要他们在早晨就可以退出。当市场的开市价位较低，如果卖家希望以低于前一天收市价的点位卖出，且在整个 B 时段以更低的价格卖出，那么我们就要考虑他们卖出的愿望有多强烈。就像游戏一样，你需要不断地了解你的对手所想与所做。如果他们是正确的，市场也开始发生大幅度波动，或者他们自己也陷入了困境，那就说明他们在不久的将来会逆转他们的交易部位。

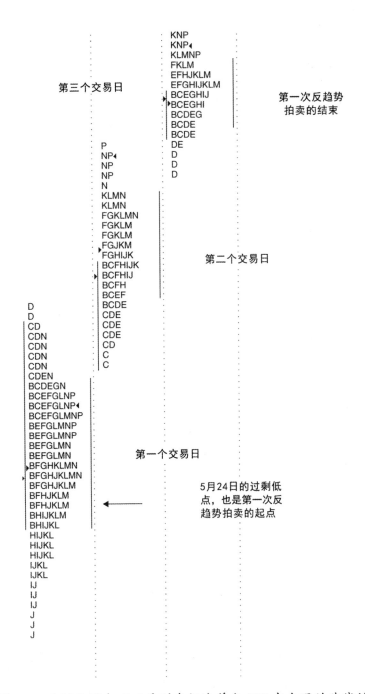

图 7.7　从剖面图中可以看到在标准普尔 500 中出现的非线性突破，后来又出现了反趋势回升：多重单日剖面图

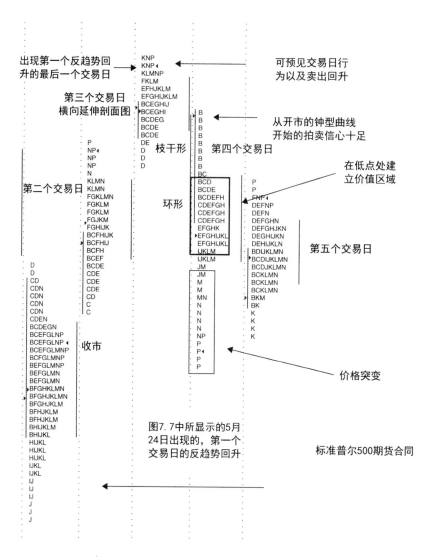

来源：版权所属：2006 CQG 有限公司。全球版权所有。www.cqg.com

图 7.8　标准普尔 500 中出现的非线性突破，然后躲避了一次反趋势回升：多时段单日剖面图

图 7.8 中的第四个交易日，如果卖家是正确的，那么他们在 B 时段所表现的激进性会导致价值的下跌，也会形成一个延伸的剖面图和大额的交易量。用这些作为分析的基础，你现在就有了可以观察交易当天市场情况的衡量工具，你的目标就是要摆脱仅仅依赖价格，这种宣传机制

的状态，去观察真正的市场意向。如果发现紧跟着 B 时段下跌趋势之后，且位于交易日末期形成的下跌趋势之前的当日市场剖面图的形状非常接近字母 b，M 时段卖出价格的突破（见图中的矩形框）证实了这一点。这种字母 b 的趋势形态你常能看到，它代表了两个情况：1. 卖出者首先都在清算多头部位（与空头补进相对），而不是一边清算多头部位，一边进行新的空头部位交易；2. 买家至少要比卖家更有耐心。因为这些买家都不是"日内交易者"，而希望做较为长期的交易，直到要过夜交易。这些买家不像那些日内时段交易者，事实上，他们会在更大的交易部位进行投机操作。而在几天时间内，你无法看到这种类型的买入会产生什么影响。回忆一下，我们早就注意到成功的交易需要你仔细搜集一些零散的数据信息，你还能够在不断变化的市场条件下，客观地回忆起这些数据。这并没有那么简单。

所有的回升，至少在最初阶段都包括了卖出和买入。如果这样的回升继续发展，买入一定会超过卖出。当这种情况发生时，剖面图就会被延伸。如果剖面图没有被延伸，卖出活动就会成为交易当日的主要活动，如果缺少继续买入通常会使得剖面图形状趋向字母 p。而镜像形状常常在市场发生突破时出现，此时会出现清算多头部位以及新的空头部位形成等现象，而缺少新的卖出活动通常会使得剖面图更像字母 b。

多年的经验告诉我们，市场并非是高效的。如果这个观点是正确的，那么事实上，过去发生的都会影响到将来的活动。如果市场是高效的，所有的价格和机遇也都是平等的，那么过去的行为就不会对将来的结果产生什么影响。我们再回到图 7.8 的第四个交易日，b 形态提醒我们市场下跌的可能性大大降低，但是并没有完全消失。在交易日的末期，市场突破了低点，你一定想问我们从中得出了什么结论。回忆一下，我们在市场剖面图的中心部分看到的买入活动可能是在一个长期时段内进行的交易。那么第四个交易日的价格突变，也可以看成是早晨交易的一个终结，也就是交易者以高出价值的价格进行了卖出。现在有一个关于价格突变的问题：价值会发生变化，逐渐趋向于价格，或者是价格逆转，与交易量保持一致呢？如果突变行为伴随着小额交易量，然后价格就有可能会向价值靠拢，从而形成了突破当日的价值区域。如果突破行为伴随着大额的交易量，那么你会看到第二天的价值走低，而价值区域也逐渐向新的价格水平方向移动。

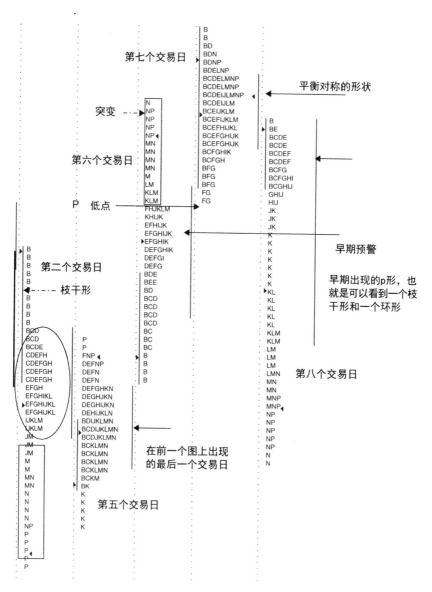

图7.9　对标准普尔500中的非线性突破后出现的反趋势回升的分析：多时段单日剖面图

第四个交易日的突破伴随着小额交易量，随之而来，整个交易日的交易量都偏低。我本来应该进行这次交易——伴随着下跌的长期趋势——确认这次交易继续下跌的可能性。因为交易当日的市场剖面图呈 b 形，这说明此时卖家对市场没有信心，因此最后这次交易被终止。我们需要长期的思维训练才能退出一次我们期待已久的盈利性的交易，特别是如果交易当日市场以接近低点的位置收市。但是终止一次交易和逆转你的交易部位之间存在巨大的差异。我们再强调一遍，交易者最好对其竞争者了如指掌。在同一次交易中，大多数市场参与者都会有什么样的感觉呢？也许有人会认为这是一次比较成功的交易，而市场的势头较弱（因为它们都看重价格），所以市场不可能会迅速逆转。

任何人都可以告诉你市场上正在发生的情况，但是如果我们从另一角度看，市场上没有发生什么呢？在最后这个例子中，市场剖面图没有被延伸，其形状也无法说明交易正在走下坡路，交易量也无法证实价格和价值。因为市场正在不断地下跌，所以交易者最自然的反应就是想要市场的上升问题。记住，市场是一系列的双向竞价，这也是市场获取信息的方式，无论我们在讨论的是日内时段，还是较长的时段内，这个双向竞价的过程都会一直继续。

不断进行公共信息研究调查

我们现在把注意力转移到图 7.9 中来，先来回忆一下我们之前曾经得出过的结论，结束任何空头部位都是很明智的举动，除非收市价格接近卖出价格突变的低点（见第四个交易日的矩形框），这样会让任何保持空头部位的交易者倍感安慰。但是因为交易量较低且剖面图呈 b 形（圆形区域），所以此时应该退出交易。

在第五个交易日，市场高开高收，呈现出由重叠向更低的价值区域，也不会对第四个交易日的最后一次突变形成的过剩低点产生影响。当突变出现，你并不能确定这是否就是一次过剩低点，以及其是否能一直保持到第二天市场开市。但是夜间的交易量并不足以证实这种判定。之前，我们讨论，相互矛盾的信息存在危险性，这一天的交易证实了这一点。有经验的市场剖面图使用者可能会在第五个交易日开始质疑多头部位，因为此时的价值区域呈现了从重叠向较低的发展趋势。需要注意的是，第五个交易日的突破所形成的过剩状态并没有受到严重的挑战，而最后的反弹使得市场以接近当日高点收市。只有第六个交易日的早期出现了整理形态，才能继续保留多头部位。第五个交易日的范围已经完全包含在第四个交易日的范围之内，这被看作一个内包日，或者说是一个平衡日。对于短期时段的交易者来说，我们建议你在平衡日后，从事任何一个方向性的竞价交易。当市场跳出了平衡状态，那么至少会有一次短期的机会让你可以利用接下来的竞价而获利。

接下来的交易日（也就是第六个交易日）是一个趋势日，基本上来说，这一天的市场几乎都朝着一个方向在运行。短期交易者可能会犯的最大错误就是拒绝相信趋势日的存在。如果你不想跟随趋势，也就是不想顺势发展，那么至少不要逆势而行。我们在第五个交易日就已经通过分析证实了这个趋势日。尽管日内时段内的趋势是上升的，但是第六个交易日的市场剖面图却呈现字母 p 形（这是一个"预警"箭头），这就表示市场内的长期卖家倾向于满足各类买入需求，或者说买入的需求至少会得到那些想要保持一整夜或几天的空头部位的卖家的满足。在这个交易日的末期，出现了一次价格突变（从字母 M 一直到字母 N 的高点）。这个 p 形就像其镜像 b 形一样，提醒我们市场可能会持续走高。辨认这些形态需要经验的积累，沃恩所讨论的最后两个例子都被最后的突破行为所掩盖，在 b 形和 p 形剖面图中，这个最后的突变被认为通常标志着一次竞价的完成。

在第七个交易日，价值已经开始上升。我们发现在这一天，低点出现在 F 时段，然后又出现在 G 时段。如果当时出现了比较激进且反应迅速的买家，也就是价格下跌后那些一直在寻找机会的交易者，那么在一段时期内，价格可能会保持在那个水平上。事实上，市场在两个不同的时段都以较低的价格进行交易，这就说明对于长期时段买家来说，某一个特定价格并不一定是一个千载难逢的好时机，同时也可以说这个价格没有降到足够低（可能会出现反弹）。有些人可能认为这种差别并不大，的确如此。但是细节总是决定成败的，而成功的短期和中期交易者，在构建每一天的市场剖面图时，会将这些细节看作自己市场调查的一部分。

第七个交易日是另外一个平衡日（观察这一天是如何变成对称的，这也是一个平衡的标志），我们之前讨论过的同一个规则适用于这里，比如在交易的过程中，第一次竞价就偏离了平衡状态。你还要记住任何事物都有其相应的背景，在这个例子里，长期的竞价在持续走低，也就是说在内包日中出现的向下突破的交易比向上的突破意义更重大。

第八个交易日，市场从平衡状态开始突破，然后快速下降，形成了一个趋势日，并且伴随着一个较长的卖出价格突破。我们将第八个和第六个交易日进行比较，这两个交易日都是在价格从平衡状态突破后开始形成的，但是第八个交易日出现了较长期的趋势下降的竞价，而第七个交易日则与其趋势相反。长期竞价的突破也是两个交易日中最有意义的交易部分。

当这个从平衡状态的突破形成了一个卖出的趋势日，我们就可以肯定地说第七个交易日，也就是在市场非线性突破后的第二次反趋势竞价中出现了高点为标志。接下来，我们要查看一下第八个交易日后的趋势日，其趋势与建立第二个反趋势竞价高点的平衡日的主要竞价趋势相一致。在我们这样做之前，先来回顾图 7.10，这样可以帮助我们更好地了解两次反趋势竞价。

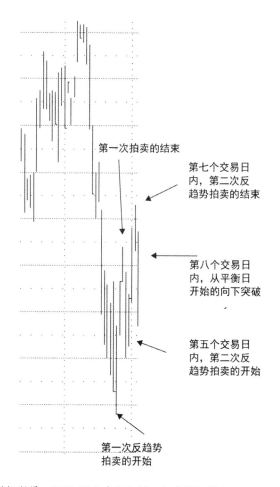

第一次拍卖的结束

第七个交易日
内，第二次反
趋势拍卖的结束

第八个交易日
内，从平衡日
开始的向下突破

第五个交易日
内，第二次反
趋势拍卖的开始

第一次反趋势
拍卖的开始

图 7.10　对标准普尔 500 中的非线性突破后出现的反趋势回升的分析：单日柱形图

在检查两个之前讨论过的反趋势竞价的过程中，我们总是尝试辨认可见的短期交易。在每一次交易中，我们都可以发现市场参与者的不同反应。连续八天，我们看到的是一个短期的双向竞价呈现的有限整理形态，这与市场寻求平衡、在强势的非线性波动后稍作喘息的尝试相一致。我们在继续之前，要先花些时间反思一下突变以及趋势日的意义，特别是剖面图没有得到延伸的趋势日的意义，如图 7.9 的第四个交易日，这就是一个下跌的趋势日，其剖面图呈 b 形，但这些不能预示交易会继续。同样，第六个交易日是一个上升的趋势日，其剖面图呈 p 形。突破出现时，你应该先观察价格是否会向价值方向逆转，或者说价值是否会与价格看齐。最后，第八个交易日是一个与中期竞价方向相同的趋势日。

现在我们再来看一下接下来的交易日，首先观察一个单日柱形图，然后再看一个单日的市场剖面图。

寻找首要参考点

从本质上来说，市场通常会提供一些易辨识的参考点，从而帮助交易者确认有力的交易部位。例如，在图 7.11 中，你可以看到在第一次非线性突破期间，在 1,303.50 点位处留下了一个缺口。第二次反趋势回升（我们刚才讨论过）没有完成对该缺口半个点位的填补。这些对于短期和日内交易者来说是成功的必备，我们可以通过与现金期货或电子期货相反的期货交易场柱形图来进行细致观察。当期货交易场中的交易量比当日电子期货交易量低，我发现可以从这些细微的线索中确认市场的意图。电子市场总是比交易场的价格高出或低出一到两点差，而且伴随着小额的交易量。例如，交易场的缺口为 1,303.50 点，如果你使用的是电子合同，这个缺口就不会那么明显。

事实上，总是能找到组合证据来帮助确认不对称交易时机。对于没有被填补的缺口，你可以观察在缺口下方实线上的一个参考点，这条实线区分了多时段交易周以及上部的交易范围。一旦价格寻求到支撑，那么这条线以下的市场处于加速发展状态，并且形成了第一个非线性突破。我们已经说过，竞价总是在寻找新的活动，这也是一个信息收集的过程。这个现象在第二次反趋势竞价上得到清楚的体现，这次竞价一路攀升到了实线以上，最后进入前一个平衡区域，然后我们很快发现价格的上涨使得竞价面临终止，并且吸引了卖家，因为此时，中期竞价在下

跌，这就是预期中的行为。在决定短期交易的理想交易部位的三个主要
信息中，有两个都是有形的（缺口和前一个交易范围的低点），而第三
个，也就是预期行为，则更多偏向精神层面。

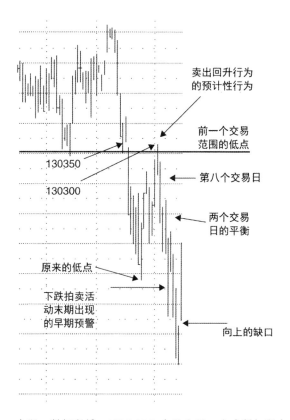

来源：版权所属：2006 CQG 有限公司。全球版权所有。www.cqg.com

图 7.11　标准普尔 500 非线性突破和反趋势回升形成的关键参考点：单日柱形图

竞价出现下降趋势，并且持续了 8 天。你可以参考标志"预警"
的箭头和指示原来低点的箭头，你会了解价格是如何下降到原来的低
点，然后又回升至后两天的参考点。在本书开始我们讨论的有关"彻
底隔离"的概念，就可以适用于这个例子。而标志"原来的低点"的
点位则包含了市场突破到交易范围上部和缺口上部后，连续 15 日下降

的价格。当这个低点被超越后，价格在恢复其下跌趋势之前，又迅速回升到了十五日交易范围，并维持了一天半的时间。图 7.11 中出现的"预警"表示突破行为不是十分彻底，也就是说，一旦价格突破了原来的低点，就不会立即继续其下跌的趋势。这也提醒我们下跌的竞价活动开始处于自我消耗阶段。就像你已经观察到的，几天后，市场出现了一个低点，并且在下一个交易日会呈现上升趋势，并且迅速升至前十五日的交易范围。

在我们通过市场剖面图观察同样的交易日之前，让我们先来考虑一下大多数交易者和投资者通常都会经历的高涨情绪。（如果你从来没有从事过交易，希望通过这种分析，可以让你略微了解人类精神状态的复杂性。你必须要学会处理这种复杂性，才能成功地进行交易。对于那些从事过交易活动的人来说，这样也可以增加理论的实践性）当你看到一个被解析过的市场，就像我们刚才所做的一样，你一定不会认为交易还是一件困难的事。在压力下进行这种分析是非常具有挑战性的，不仅仅因为这关系到真金白银的盈利问题。在我们刚才讨论过的非线性突破之前的几年内，平均波动一直保持在其历史平均水平以下，所以个体交易者和交易系统策略都在一个波动性相对较低的环境下进行操作。紧接着，突破和波动性都出现了快速上升。这种迅速的过渡无论是在精神上还是在情感上都很难适应。在这段压力较大且突然过渡的时期，我们会变得失去方向，通常选择去思考最坏的结果，而不是宏观地看待市场。突破出现之后，新闻报道也都大张旗鼓地声明，现在市场处于"熊市"，交易者会继续关注下降的市场，考虑情况会变得多么糟糕以及他们会遭遇什么样的恶果。

在这一时期，我和许多经验丰富的交易者都谈过，几乎所有的人都受到悲观情绪的影响。无论你接受过多么严格的训练，无论你经验多么丰富，无论你有多自信、多镇定，都很难在周围所有的人都变得不理智，价格波动也愈演愈烈的情况下保持客观的态度。当市场开始波动时，你就没有喘息的时间了。现在看一下图 7.12 的剖面图。

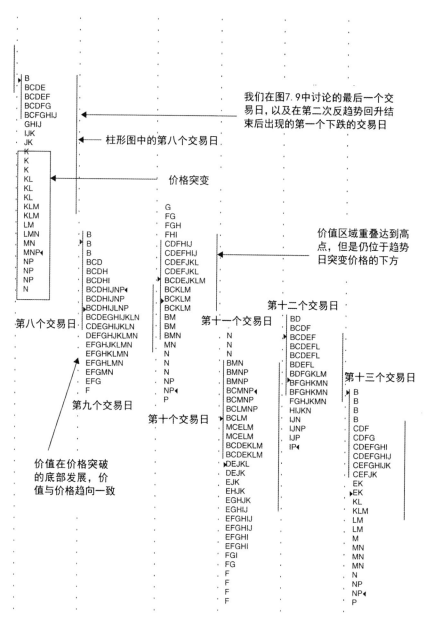

图 7.12 对标准普尔 500 中的非线性突破后出现的反趋势回升的分析：多时段单日剖面图

注意：这个形状的市场剖面图压缩到适合本书的页面尺寸，所以改变了比例，可能会对剖面图形状的理解造成些许的误导。

图7.12中，第八个交易日是一个下跌的趋势日，并且以末期的价格突破收市。在接下来的两天内，市场从第八个交易日下降趋势的中心位置开始逐渐恢复平衡。这就告诉我们价值逐渐向价格看齐，这是竞价会继续下降的一个标志。第十个交易日在末期也会出现一个价格突破，同时也伴随着价格的下降。我们要再次提出这个问题，价格会返回价值区域或价值能继续证实价格继续走低的趋势吗？按照以往的习惯，我们先关注一下价值，而不是价格。第十一个交易日，一位价值交易者清楚地发现了价值的下降，而一位价格交易者却认为价格并没有变化。第十二个交易日出现了一个由重叠向更高的价值区域，而价格也逐渐走低。第十二个交易日也是一个平衡日，一旦市场偏离了平衡区域，我们就可以开始一个新方向的交易。

因为第十二个交易日出现了一个由重叠向更高的价值区域，且第十一和第十二个交易日始终位于第九和第十个交易日的平均平衡点位以下，这就是明显矛盾的信息，这就提醒我们中期竞价的势头被削弱，但这并不表示这一趋势已经结束。由此，我们了解保留空头部位的风险大大增加，而成功的交易/投资都依赖于交易者是否能够辨认有利的可能性。

第十三个交易日是另外一个下跌的趋势日，并且在末期出现一个下降的突破。跟随着这个活动，我们再次观察第十四个交易日的价值是否降低，而事实正是如此。图7.13中，我们在第十三个交易日的上部，发现了一个标记"预警"的箭头。而没有被延伸的剖面图也是在警告我们现在竞价势头减弱。在这个交易日，随着价格的持续下跌，新闻媒体都变得越来越悲观，而保持空头部位的交易者则倍感安慰。

第十四个交易日的价格和价值都出现了明显的下降，但是我们又发现了另外一个"预警"箭头，剖面图膨胀的形态表示，价格的下降不会促使这种下跌趋势继续下去。我们的证据显示，当价格稳步下降时，市场也在不断下跌，一步一步却不是随心所欲地下滑，同时也伴随着直线型的波动。那么你此时的心态是什么样的呢？当你仅仅关注价格，市场也明显地呈现下跌趋势。那么你究竟该如何买入呢？此时恰好重新介绍格兰维尔的传播模型。在竞价的这个阶段，促使价格下降的是那些晚期适应群体和落后者，因为他们仅仅关注价格且充满恐惧，他们总会在想，"如果我错过了下一个主要趋势怎么办？"

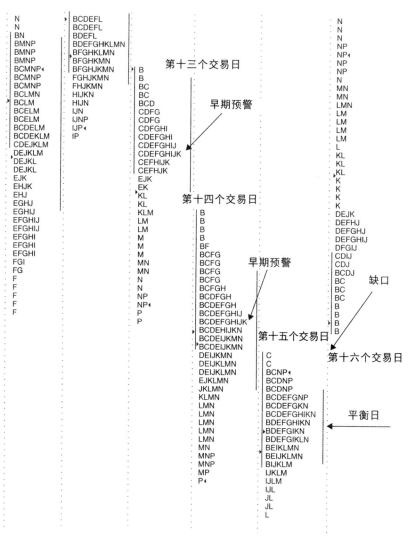

图 7.13 对标准普尔 500 中的非线性突破后出现的反趋势回升的分析：多时段单日柱形图

在这个交易日，如果你可以评估所有市场参与者的集体情绪，你会发现主导买空者情绪的是恐惧，而主导卖空者的却是自信。如果你考虑要去平衡我们已经讨论过的市场生成信息，你就找到了反证的证据。在市场疯狂波动期间，如果你发现，自己的情绪其实是群体思维以及媒体蛊惑的结果，你就不会将主要精力投注在市场结构已经显露的形态上，以及市场剖面图重组后的市场生成信息所反映的形态上，你可能会清楚地发现市场正在强势下跌。

不要成为一个落后者

我们花很多时间讨论了有关时段以及矛盾信息的概念。如果你不能区分各类不同时段下的竞价，那么交易将变得十分困难。通常来说，有些信息看起来"相互矛盾"是因为它们属于动机各异的不同时段。例如，第十四和第十五个交易日中分别出现了日内交易的好时机和中期交易的不良时机。五天前，在竞价过程的后期有证据显示此时正处于中期交易的空头部位，这一时期，如果进行空头交易都处于不利的交易部位。竞价过程通常都需要有始有终，由此会出现我们曾经讨论过的情况，也就是说如果市场很可能按照现在竞价的方向继续运行，而在这种趋势下的交易中所包含的风险/回报关系则十分不利。

到第十六个交易日，所有相互矛盾的组合类信息最后覆盖了整个市场，而市场也随之上升，几乎取代了前五天，形成了一个延伸的交易日。我们再回顾库恩对于主要过渡期的描述，他认为，新形势通过投资逆转了所谓的"正常"形势，也就是现状——在这个例子里，现状就是下跌的竞价活动——这种转换就会产生。

我在分析各种时段内的竞价活动时，总会关注一个问题：我的竞争对手会怎么做呢？例如，当上面提到的相互矛盾的信息开始不断地累积，我会不断地观察，看看在这样一个不利的水平上究竟有多少资金会被用于空头交易，也就是"如何通过空头交易来填补空缺"。经验告诉我，入市最晚的通常退市最早，也就是后进先出。这些资金都属于软币，没有多少持久力。而我们所看到的标志"预警"的不对称形状不仅告诉我们市场在走低的过程中仍然在挣扎中，还让我们不仅要问"为什么市场会挣扎呢？"答案就是，因为市场中还有一些耐心的长期买家，他们在逐步且稳定地积累库存，这些库存他们希望可以长期持有。这一点并不新奇，特别是在中期竞价中，你可以在这个形势被所有的市场参与者（包括晚期适应群体以及落后者）所了解之前就观察到这个过程。这些情况可能会造成市场的逆转或者至少会引起市场有意义的调整。

绝佳时机

我们通过刚才的例子说明一个健康的市场如何进入趋势形态，然后停止，恢复平衡，最后又重新呈现趋势运行。但是事实上，市场并不都是按照这种模式运行的，特别是当投机行为主导了市场发展，就像 2006 年前半年黄金市场的情况。在市场出现极端投机行为时，就不会停下来，也不会进入平衡状态，而是一直呈现趋势形态。当这种投机交易无害时，市场会出现一个自由下降。我们先来看一个不多见的例子，也就是交易从短期交易部位开始，然后逐渐形成有利的交易机会。

图 7.14 中的第一个点位上，黄金突破了顶点，与 2006 年五月标准普尔指数的情况相同，黄金以次标准的交易量，形成了一个合约期新高。图 7.14 底部的箭头指向了我们正在讨论的这个交易日。就像你所看到的，此时这种贵金属的交易量位于其高额交易量交易日的交易范围下方。

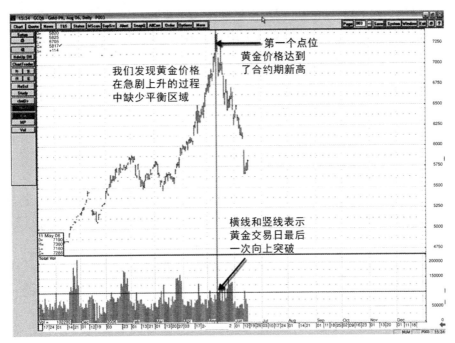

来源：版权所属：2006 CQG 有限公司。全球版权所有。www.cqg.com

图 7.14 投机活动推动了黄金交易的上涨：单日柱形图，2005 年 12 月到 2006 年 6 月

你可能注意到黄金的价格从每盎司 580 美元上升到 750 美元，而没有出现一个延伸的平衡期。这是一个极端投机行为出现的标志，对于那些入市晚的交易者，或者那些入市较早但是还要继续建立交易部位的交易者，以及那些势头玩家来说，这绝对是一个不利的消息。平衡期的存在是重要的，也是市场健康发展的标志，因为其可以让市场参与者有喘息的时间，并且可以在市场进一步发展之前对价值进行重新评估。平衡期可以让你有足够的时间分析市场结构，从而确定在主导性的竞价活动中还保留了多少动量。平衡期还创造了"市场记忆"。一旦市场开始下跌（或者上升），前一个平衡区域通常可以提供某种程度的支撑（或者说是阻碍），目的是确保市场参与者对价值区域是否还具参考性进行评估时，减缓价格的下滑。

没有了这个平衡的过程，市场就失去了支撑的结构。例如，一旦市场开始下滑，平衡区域就像电梯运动过程中的停顿，虽然无法完全阻止这种下滑，但是至少在这个运动的过程中有一个停顿期，使得你有足够的时间退出市场，或者至少让你有时间确定自己在这次大幅度的下降趋势中所处的位置。

我们再回到图 7.14 中来，一直观察第一个点位上黄金最后出现的上涨，然后做出了短期的空头交易决定的交易者，都会很快发现所有时段都参与了这次卖出交易。而市场出现下跌突破时没有支撑结构，最开始的短期交易最后变成了有意义的长期交易。对于那些还在坚持买入的人来说，也失去了结构的支撑。我们的建议就是，一定要三思而后行。

不走极端，寻找突破

优秀的短期交易者通常都会在市场进入平衡状态后才开始施展手脚。这样的市场通常会提供两种机会：回避一次达到平衡区域端点却无法继续的竞价；跟随着从平衡区域开始的突破。图 7.15 显示的正是这两种可能性。

图 7.15 中的第一个交易日是一个快速上涨的趋势日。我们可以肯定这种幅度的波动一定会减缓市场价格升值的速度。我们同时还可以推测，第一个趋势日内，推动股票上涨的买入行为必定出现在交易日的后期，因为这也是市场剖面图成形的位置（见圆形区域）；剖面图的下部较为狭窄，这说明价格出现快速波动，而交易量没有随之波动。

第二个交易日内形成了一片狭窄的价值区域，包含在第一个交易日的价值区域的上部。在这个点位上，你可以推测第一和第二个交易日买家的心态，他们满意吗？他们沮丧吗？只有了解了你的对手，你才能领跑这场游戏。

第三个交易日以略高于第二个交易日的价格开市，而且全天都呈现上涨的趋势，最后在末期以一个上涨的突破收市。这个交易日结束后，价值呈现了由重叠向较高的发展变化，而剖面图的形状，在突破形成之前仍为我们熟悉的 p 形。所以很明显，美林证券很难再上涨。这个点位的价格交易者感到志得意满，因为在过去的三天不断买进的每一个人都获得了回报。

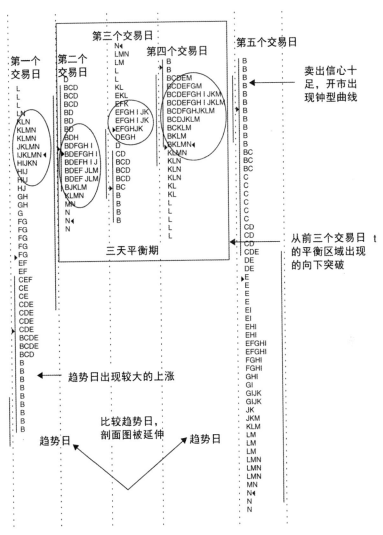

图 7.15　平衡区域的端点以及标准普尔 500 的平衡区域开始出现的突破：多时段单日剖面图

第一个到第四个交易
日组合成一个剖面图

```
N
LMN
LMB                           B
LB                            B
DLBCDEM                       B
LBCDKLBCDEFGM                 B
LBCDEKLBCDEFGHIJKM            B
LBCDEFKBCDEFGHIJKLM           B
LNBDEFGHIJKBCDFGHJKLM       ▶ B
KLNBDEFGHJKBCDJKLM            B
KLMNBDEFGHJKBCKLM             B
KLMNBDHDEGHBKLM               B
JKLMNBDFGHIDBKLMN◀            B
IJKLMNBDEFGHICDKLMN           BC
HIJKNBDEFHIJBCDKLN            BC
HIJBDEFJLMBCDKLN              BC
HIJBDEFJLMBCDKLN              C
HJBJKLMBCKL                   C
GHKLMNBKL                     C
GHMNBL                        C
GNBL                          C
FGNBL                         C
FGNL                          CD
▶ FGL                         CD
FG                            CD
FG                            CDE
EF                            DE
EF                            DE
CEF                        ▶ E
CE                            E
CE                            E
CDE                           E
CDE                           EI
CDE                           EI
▶ CDE                         EHI
BCDE                          EHI
BCDE                          EFGHI
BCD                           EFGHI
B                             FGHI
B                             FGHI
B                             GHI
B                             GI
B                             GIJK
B                             GIJK
B                             JK
B                             JKM
B                             KLM
                              LM
                              LM
                              LM          BC
你能区分组和剖面图中           LMN          BC
的各个交易日情况吗?           LMN          BC
                              LMN          BC
                              MN           BCD
                              N◀           BCDE
                              N            BCDE
                              N            BCDEG
```

图 7.16 **图 7.15 中 1—4 个交易日的多时段剖面图,以及第五个交易日的交易活动:标准普尔 500 剖面图**

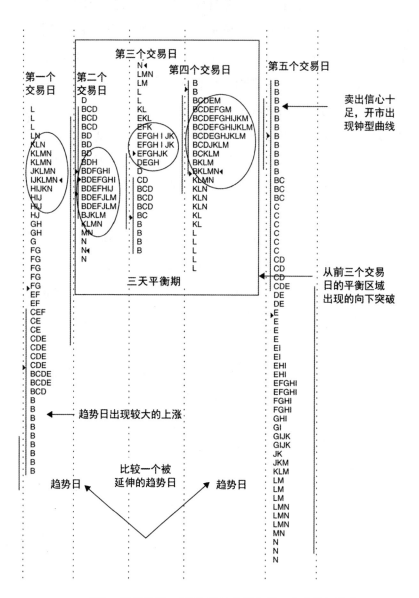

来源：版权所属：2006 CQG 有限公司。全球版权所有。www.cqg.com

图 7.17 平衡区域的端点以及标准普尔 500 的平衡区域开始出现的突破：多时段单日剖面图

第四个交易日出现了高开，并且建立了一个内包的价值区域，以几乎与原来上升的趋势日相同的价格水平收市。你认为，在前四个交易日内不断买入的交易者，在这个点位心态如何呢？在我们继续讨论之前，先看图 7.16，其包含了我们刚刚分析过的四个交易日的情况。

这个组合式的剖面图表现了 p 形态的积累过程，卖空交易遭遇了新的长期时段的卖家。随着你的经验不断地增长，你可能会在不同形态形成之前就能够清楚辨别，这样你就可以更自如地进行操作，在短期交易遭遇不利时机之前就完成交易，从而确保自己可以处于一个有利的交易部位。

图 7.17（这是图 7.15 的重复）中，我们可以看到，四个交易日后，越来越多的市场参与者意识到竞价上涨的趋势已经结束，前四个交易日的所有多头部位，现在几乎都出现问题。可以想象这些交易者的压力一定是在不断地增加。短期交易就像一场游戏，而这些交易者就是你的对手。

图 7.17 中的标记表示，你可以将最后一次回升后出现的上升趋势日与逆转这次回升的趋势日进行比较。最后一次回升后的趋势日，其交易范围的上部边缘没有延伸，而接下来的三天内也没有出现类似的情况。下跌的趋势日在收市前一直处于延伸状态，这表明下跌趋势还在继续。这次交易本来应该是空头交易，交易者本来应该退出前几个交易日建立起来的多头部位。如果你还保留了多头部位，在心理上一定很难承受这种损失，但是你一定会发现此时退出交易，将是最适当的做法。图 7.18 表现出的是下跌趋势的持续。第五个交易日呈现出一个延伸的剖面图，这告诉我们价格下跌的程度足以终止交易。

这种分析是以实际交易为依据的，除非你完全投入市场，否则你永远也不了解许多有形的和无形的元素评估以及合并的方法，这样你也可以在不用牺牲利益的情况下降低交易风险。

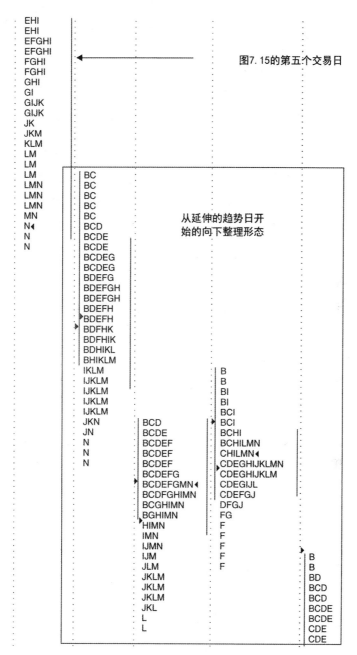

图7.15的第五个交易日

从延伸的趋势日开始的向下整理形态

图 7.18 标准普尔 500 下滑趋势的继续发展，以及图 7.15 和 7.17 中的第五个交易日的情况：多时段单日剖面图

分析环境信息，成为行家里手

布瑞特·斯蒂博格在他的著作《改善交易者市场行为：交易心理学策略研究》（霍伯肯，新泽西：威利 & 桑斯出版社，2006）——所有认真的市场参与者都应该阅读并反复阅读这本书——他这样写道：

新手注意的是细节，而专家则是宏观性地推理。如果 A 可以得出 B，专家却不会进行这种直线式的思维，他们总是会提供在 X 和 Y 的条件下，A 得 B，但是在其他条件下，A 得 C 的一系列可能性。

也就是说，专家总是比较灵活的，也不会受到人类本性的影响，不会被表面的信息所迷惑而做出错误的选择，更不会为了维护这些错误的选择而付出惨重的代价，人们总不去在意其他可能出现的条件已经颠覆了之前的所有想法。

我们面前总是会不断地出现相互矛盾的信息，分析最新的信息，或者从中选择一条作为交易决策的基础总是十分容易。从历史来看，当大量复杂的信息需要处理和分析时，人们总是很难得出精确的结论。我们擅长于将每一条信息分开来看，但是一旦需要分析其与整体的关系时就感到为难，我们也可以说大背景总是一个容易被人忽略的东西。在无数相互矛盾的信息源中，只有极少的部分会在特定阶段影响到市场、部门或者某种证券的行为：

- 公司管理——或好或坏
- 政府规章制度的变更
- 公司的创新能力（或者缺乏创新能力）
- 收入——无论是上升、下降或是保持不变
- 市盈率——扩张或收缩
- 销售——扩张或收缩
- 竞争者——进入或退出

- 收益保证金——扩张或收缩
- 各个部门整体的增长和支撑
- 国际事件
- 分析师的升级或退步
- 基金经理人从事现金的买空或卖空交易
- 赎回以及新资金的进入
- 商品价格——上升或下降
- 趋势及交易
- 核税抛售
- 意外事件引起的被迫清算
- 国外市场危机

当然，在这张表中的每一个元素可能都会以非物质的形式存在，这取决于市场是否期待这个元素未来的结果。底线是：我们总是不断地受到各类信息的冲击，大脑总是习惯于过滤所有的信息，留下对自己最有用的。这个过程会让我们得到暂时的安慰，但是这种安慰与利益之间又有什么联系呢？

这就是为什么我们认为市场剖面图是一个有价值的工具，可以让我们的情感和理智都保持诚实一致。我们不太善于处理大量复杂的数据，但是我们总是能够极其熟练地分析各种形态，并且将其综合整理，成为可行的解决方法。经济学家认为，如果你不去思考其他交易者都在想什么，就无法了解市场，但是我们又不可能精确地评估人类复杂的行为。我们也认为，市场剖面图无法通过一条简单的分配曲线就可以整合所有这些复杂的行为。

第八章　每个人都可以从事日内交易

希望在看清形势之后再做决策的人永远都做不出决策。

——亨利·弗兰德瑞克·阿米尔

大部分人都对日内交易者存在非议。我们在很多场合都指出，每一个人在进入或退出交易的那一天都是日内交易者。每一个最小价位，每一个行为的基本点都事关重大。

考虑一下，每一个对冲基金、独立管理账户、养老金、捐赠、基金或者公共基金交易的参与者都会受到日内交易的影响。

这里有一个关键的例子。这么多年来，我接到过许多交易者打来的电话，他们对于大宗的机构订单都有一个同样的问题："我是现在就执行，还是在交易日剩余的时间里去研究一下它？"当你在面对大宗定单时，执行的质量就会影响到执行经理人以及提供订单的公司组织的行为。

最近，我读了一本书，《能力与全能：对于美国、上帝以及国际事务的思考》（纽约：哈伯柯林斯，2006），作者是前国务卿马德琳·奥尔布赖特。这本书传递了一个我们在这本**《驾驭市场——成为交易过程中的盈利高手》**中反复强调的信息。奥尔布赖特在反思她在国务院的日常生活，叙述了她每天早上都阅读《总统每日简报》，之后她会翻看一下《每日国家情报》，这也是《总统每日简报》的增刊。紧接着，她会阅读有关恐怖分子威胁的简报。下载完所有的情报资料后,向上报告,有一件事被忽略了:"也就是确认。"而吸引我注意力的是下面的内容,"除非你十分小心,否则你所看到的通常都依赖于你所期待或希望看到,而不是真正的事实。"

人们都说,在日内时段里进行成功交易十分困难,因为有太多的"噪音"。在芝加哥期权交易所建立早期,我偶尔会与费奇尔·布莱克一起吃午餐,他与麦隆·斯哥尔共同为我们提供了布莱克—斯哥尔期权价格模型。我们经常讨论的话题之一就是"噪音"。当时,我的观点与费奇尔存在差异,我认为不存在这样的事情。我总觉得人们所谓的"噪音"只不过是他们还不理解的事物。彼得·斯蒂尔德梅尔则为肃清这种"噪音"理论提供了最好的阐释,他说每一次交易的出现都是为了满足某一种市场条件,我至今还坚信这一点。例如,如果市场回升的速度与回落的速度一样快,这说明市场"过度卖空",或者说,市场在短期内出现了紊乱,而库存需要再次平衡。当市场出现"过度买空"时,同样的情况又出现了,我们也要经历短期的清算突破,用以调整买空造成的库存失衡现象。这些回升或突破的出现都有一个共同的原因,它们满足了库存平衡的要求。本章,我们将要展示几种评估这种短期库存条件的技巧。有了这种认识,你就可以有效地执行你的日内时段下的订单。

《金融日报》曾经引用了理查德·萨勒编辑的《行为金融学的发展》(纽约:罗素·萨奇基金出版社,1993)中的一篇文章:

噪音造就了金融市场,但是也使其变得不完美。如果没有噪音交易,那么就无法进行个人资产交易。人们可能会直接或间接地持有个人资产,但不会从事交易。

这种不完美创造了机遇,也带来了风险。我们在这里讨论噪音的问题,是因为我们认为接受这个现实,有助于交易者能够对任何一次交易及行为的结果负责,而不会推卸责任或抱怨。下面我们要讨论一下日内交易的策略。

日内交易者的交易模式

成功的日内交易取决于你是否了解自己的对手。有时你希望可以加入他们，而有的时候，特别是当长期或短期库存都开始失衡，你肯定希望躲开这种失衡情况。有时，短期库存条件在收市后也没有得到调整，并且预计可能会影响后几个小时的市场运行，甚至会将这种影响延续到第二个交易日的早晨。

我们先来讨论一下有关日内交易的公认定义：也就是交易的开始和结束都发生在同一天，买入和卖出行为的出现没有固定的次序。某些日内交易在一天内只能完成有限数量的交易，而还有些日内交易比较多产。为了快速掌握这个概念，我们先来回顾一下第三章介绍的有关日内交易者的定义。

日内交易者在进入市场时并没有确定的交易部位，退出市场时的情况也相同。日内交易者通过处理金融新闻、研究技术分析以及阅读订单指令流，从而做出交易决策。他们也需要研究长期和短期的买卖交易、经纪公司的追加保证金业务、抵押银行的有效期调整、美联储主席的讲话以及政治领导人和权威组合投资经理人的"重要宣言"。认为市场具备理性特质的人可以花上一天的时间，来消化数量巨大、互相矛盾的信息数据，而这些是一个日内交易者每天都必须要做的，以便做出决策。

这些日内交易者关注的是大量的技术信息，他们喜欢数字、水平和大肆宣传。他们像投机者一样，增加了市场的流动性，但也付出了巨大的个人代价。

日内交易者还有第二个非标准的定义，也就是我们在整本书都在强调的一个概念：由其他时段参与者，包括个人、对冲基金、公共基金、捐赠、基金、机构管理账户等进行的单方面的买入或卖出交易。例如，在第七章中，我们讨论了短期交易，结论是所有短期交易的开始和结束都属于日内交易。但并不是所有的日内交易都是短期交易的开始或结尾。

有关于日内交易的定义有些不同的阐释分析。有些告诉你前几日以及夜间市场的运行情况，而其他的建议你不要去做研究，每一个交易日都可以"全新地"开始，而不会受到以前观点的影响。有些则建议你要及早交易，因为大多数的交易活动都发生在交易日的前半部分，还有一些建议你在市场开市几个小时之后再进行交易，这样你可以对于整个一天的发展结构有一个清晰的把握。我们现在就先从交易前所要做的准备说起。

不做任何分析准备却能持续从市场中获利的人群就是投机者，他们能操作多个交易，数量通常达到数百个，还包括上千个股票或合同交易，而这些交易通常只维持很短的时间，有时甚至只有几秒钟。这些投机者是一些熟练掌握市场振荡的交易者。他们对于订单指令流中的大变化只是做出反射性的反应。其实，很少有投机者能获得成功，大多数人的交易记录都是多变的，因为他们会在某一种类型的市场中表现良好，当情况发生改变，就可以及时恢复。例如，在一个低流动性的市场中进行投机与在一个高流动性的市场中进行投机存在很大的差异。因为现在可以通过电脑程序进行电子交易，所以投机行为也变得更有竞争性，而且可以对竞价和出价做出迅速的反应。

在一个趋势型的市场中，无论这是一个长期的或中期的趋势，我会做很多功课（在第七章已经讨论过），这样我就可以用两到三种已经完成的交易情景来开始一个交易日。功课内容包括分析前一个交易日的交易量、确认过去的过剩区域（包括缺口），从最近的一个交易日开始，然后逐渐向前推移。接下来，我要确认过去的平衡范围，然后从最短的时段开始——这个最短的时段其实就是一个内包日，或是一个对称的平衡日——然后逐渐过渡到最长的时段。（注意这个过程就是将我在进行长期交易确认时所做的分析进行逆转）我们已经讨论过了，太多的细节可能会模糊你对长期交易的关注，使得你对于短期信息做出过度反应，这对于日内交易者来说是一种提供能量的燃料。我还特别关注如何确认前一个交易场开始的主要控制中枢（POC）。我们还要强调，控制中枢是日内剖面图中最长的水平线。一个"重要的"控制中枢通常比较宽，而且会形成一个重力中心，可以防止这一天的剖面图被过度延伸。主要控制中枢通常都会恢复，而且可以为第二天交易的开始或退出提供指导。为什么？因为它们可以代表一个广泛接受的价格区域。

在非趋势型的市场或没有表现出过多流动性的市场中，我要用上面描述的同一种分析方法开始说起，然后再通过增加短期参考点深入讨论更多的重要细节，例如前一个交易日的高点和低点、每周的高点和低点、趋势线（我并不是全部相信，但是，如果市场的交易状态没有方向，那么传统的技术参考点可以提供指导）以及影响短期交易的其他市场。当市场缺乏方向或信心时，也就是没有呈现趋势形态，那么外在的影响就比较重要。例如，如果股票强势发展，利率的变化没有产生任何有意义的短期影响，而在一个没有趋势的环境下，利率的变化对市场活动会产生十分重要的影响。

尽管我倾向于早期交易，但等待交易日的进一步发展也没有什么错。我认为你在交易时，要抱有在整个交易日进行交易的观念，否则你就会错失一些提供市场结构征兆的细节信息。总体来说，我认为交易新手在交易之前，只有观察清楚当日的市场结构，才能获利，而有经验的交易者可以通过早期交易而获利。

我一直都认为日内交易者在早期金融消息发布之前就开始交易是十分不明智的，因为在没有摸透市场情况的条件下，很容易形成混乱。例如，如果发布的消息在意料之中，而市场早已整合所有信息，所以其运行方向可能与预期相反。或者，本月信息基本正确，但是前一个月的调整出现了意料之外的重大影响。季节性调整的结果就是，交易者出现了意料之外的反应，或者市场出现了过度的买空或卖空交易，这样可能会形成一次重要的竞价，以便调整库存的失衡状态。如果你在消息发布之前就入市，而整个市场的交易方向都与你相反，你会发现自己处于一个失败的交易部位，最重要的是，当市场吸收了发布的新闻后，这个交易部位会让你无法成功地进行之后建立起来的交易。因此，你要保持灵活性，这样可以在市场稳定下来，方向明晰之后仍然能够进行交易。

而且你还要做足功课，然后确认位于目前市场水平以上或以下的重要参考点，这样你就可以避免在单个方向上出现的大幅度突破，而且，这个参考点还可以帮助你判断，这次突破后市场是保持继续发展还是出现抵制。利用已知参考点的必要条件是，市场向你靠近，而不是你去追逐市场。

交易禁忌大于交易规则

我们在本书的前言部分就强调，你必须要了解自己信息处理和反应的方式。你施展能力的方式不能受到外在因素的阻碍或扭曲。在《成熟的思维》（贝塞克图书出版社，2005）一书中，作者吉恩·科根讨论了两种智慧：结晶智慧，也就是我们在学校和日常生活中积累的智慧；还有流动智慧，他将之描述成"临场推理能力，这是一种原始的灵活思维能力，不完全依赖以前的学习体验。它包括信息分析的速度、注意力以及记忆力"。许多交易者都在不断地收听商业新闻、查看访问博客、与同事讨论市场以及阅读大量的时事通讯等，这些为不同时段的交易提供了相互矛盾的观点。对于信息敏感的人，到市场开市之前，它们的记忆都是被塞满的，注意力也相应地被分散，并且被牵引到多个方向上。此时，他们的"流动智慧"出现了什么变化呢？

你所交易的时段越短，你的流动智慧也就越重要。交易者通常会本能地发现，自己无法有效地处理泛滥的信息，所以只能通过机械方法或交易系统来决定所要执行的交易。但是你在操作之前先问一下自己：对于一个在一段时期工作的机械系统，你要支付多少钱呢？事实上，这样的系统无论用多少钱也买不到，因为它绝对是无价的。我们下面要展示的是一个直线式的思维过程，可以帮助你准备好每一天的交易，并且在交易开始时，有助于你观察当日的发展情况。在你动手之前，我们先回顾一下 2006 年 7 月 5 日的 30 年的公债期货。

真实的交易世界

　　我们已经清楚地阐释了，日内时段交易者必须在决策之前筛选大量的信息。就像其他时段交易者一样，交易量分析在了解其他日内时段交易者和长期时段竞价活动方面十分重要。如果你想成为一个有实力的竞争对手，这些都是必须掌握的技能。在详细讨论交易量分析之前，我们先了解一下市场大背景。

　　2006 年，通货膨胀（或者说是滞胀）再次主导了金融市场，而专家们一直以来都无法准确预测其出现的时间。2006 年 7 月 5 日的《华尔街日报》头版标题就是："西奈经济预言专家，预测通胀愈演愈烈。"这篇文章也在不断地强调，在 2005 年 12 月《华尔街日报》的调查中，《决策经济学》的主要世界经济专家艾伦·西奈就曾做出过最大胆的预测，也就是到 2006 年 5 月为止，物价可能会上升 3.5 个百分点。这篇文章还持续报道说，实际的数字是 4.2 个百分点。这篇调查涵盖了 56 位经济学家的观点。

　　大多数市场参与者都密切地注视每月的雇佣报告，因为经济增长的标志和通胀的结果都会影响美联储的决策。在这个例子中，下一份报告在两天后，也就是 7 月 7 日（星期五）被公之于众。这份报告中提到了工作时间和工资率，其中两个关键部分就是有关失业或就业机会的新数字，以及整个就业率。到 7 月 5 日，星期三为止，周五报告中的就业数字大约为 175,000。

　　星期三一早，ADP，也就是一家专门从事薪水册以及宏观经济顾问服务的公司预测，新私有部门的工作岗位有 385,000 个，几乎是市场期待的两倍。在这个背景下，我们现在可以观察一下在星期三进行的长期国债交易。

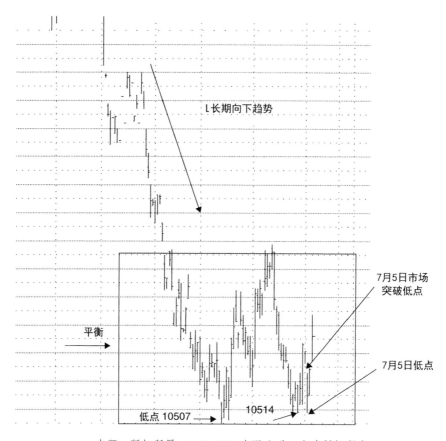

图 8.1 美国长期国库券中期平衡区域（核心区域）：单日柱形图，到 2006 年 7 月 7 日

平衡区域的端点以及标准普尔 500 的平衡区域开始出现的突破：单日剖面图

图 8.1 表示的是长期的趋势正在下跌（至少，我们是这样认为的，而长期延续的图标可能会与这种评估结果相矛盾），而处于平衡状态的市场已经保持了近三个月。这个为期三个月的范围是一个中期的平衡状态，如果交易量分析支持这样一个决策，就需要一个在平衡区域低点买入，在高点卖出的策略。（交易量在市场竞价走向极端时，并没有保持增长，这表示变化即将出现）现在让我们扩展一下分析范围，来讨论

一下 7 月 5 日，星期三的个人剖面图和交易量分析。

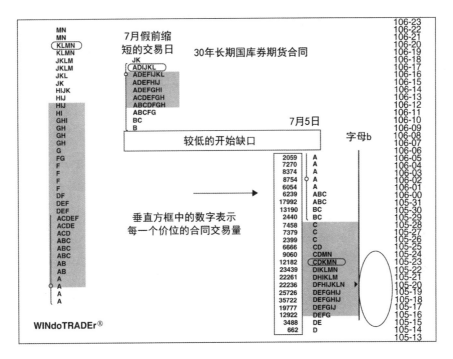

来源：版权所属：2006 WINDOTRADER 全球版权所有。www.windotrader.com.

图 8.2　美国长期国库券，2006 年 7 月 5 日

从图 8.2 中，我们可以看到 7 月 3 日出现了一个缩短的、受到假日效应影响的交易场，这体现了两种形式的平衡：1. 这是一个内包日，因为该交易日位于前一个交易日的范围内；2. 这是一个狭窄的平衡日。在第七章中，我们讨论过，平衡日的交易策略就是要顺应任何方向性波动。

根据我们上面讨论过的 ADP 报告，7 月 5 日缺口更低，而且在前四个时段（从 A 到 D）都快速卖清。我们发现看剖面图呈现 b 形，这表示出现了一个短期的库存清算。这次交易活动的另外一方显然在买入时并非十分满意，但是他们却倾向于持有至少一天的时间。因此这种形态后又出现了一个上升的趋势日就不足为奇了。现在我们再看图 8.1，我们注意到整理形态的低点为105,07，而第五个交易日的低点为105,14，比起平衡低点来说高了7个最小点位。总而言之，任何时段的交易部位在这一天都是不利的。当投资者/交易者都开始迅速行动，并且不考虑交易中的风险/回报，也就创造了交易机会。剖面图的形状也给了我们证据，证实公债并没有轻易地从底部开始回升。现在，再通过实际的电子交易量来进一步证实我们的发现。

			106–07
			106–06
	2059	A	106–05
	7270	A	106–04
	8374	A	106–03
	8754	A	106–02
	6054	A	106–01
合同交易量	6239	ABC	106–00
89,608 (32%)	17992	ABC	105–31
	13190	BC	105–30
	2440	BC	105–29
	7458	C	105–28
	7379	C	105–27
	2399	C	105–26
	6666	CD	105–25
	9060	CDMN	105–24
	12182	CDKMN	105–23
	23439	DIKLMN	105–22
合同交易量	22261	DHIKLM	105–21
194,141 (68%)	22236	DFHIJKLM	105–20
	25726	DEFGHIJ	105–19
	35722	DEFGHIJ	105–18
	19777	DEFGIJ	105–17
	12922	DEFG	105–16
	3488	DE	105–15
	662	D	105–14
WINdoTRADEr®			105–13
			105–12

来源：版权所属：2006 WINdoTRADEr 全球版权所有。www.windotrader.com

图8.3　美国长期国库券以及其交易量，2006 年 7 月 5 日

在图 8.3 之前的交易日的结算价格或收市价格为106,18，第五个交易日的控制中枢为105,20。第五个交易日以低 1/2 个点位的价格开市，而市场继续卖出，直到价位达到 105,14，对于一个期货合同来说，低了约 1100 美元。这里我们最大的发现就是，有 68% 的日内交易量出现在了范围的底部，价格也从 105,25 降低到 105,14。位于105,23点位上圈起的价格表示第五个交易日的收市价格。这说明，从第五个交易日开

始，68%的卖空交易者都遭受了损失。你认为在这样一个完全逆转的不利交易部位上，交易者会怎么想？这又会如何影响夜间交易以及第六个交易日早期的交易？如果从第五个交易日开始，剖面图出现延伸，交易量分布的更为均匀，而收市或结算价格却接近了当日的最低点，你的想法会改变吗？

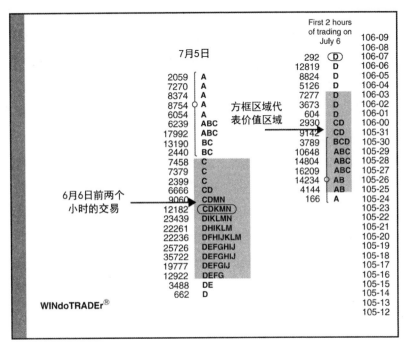

图 8.4 美国长期国库券以及其交易量，2006 年 7 月 6 日

图 8.4 表示了第二天，也就是 7 月 6 日前四个时段的交易情况。市场已经明显出现了上升，从而强制性地结束卖空，或者说是缓解了第五个交易日中过热的交易。当价格在第五个交易日以后的大额交易范围内找不到支撑，那么就产生了一个绝好的买空日内交易的时机。对于短期交易者来说，这是一个不错的入市交易部位，这个时段要长于一个日内交易。

我们在第七章末尾已经讨论过了，你的理智分析和个人情感方面存在差距。你看到价格已经持续走低了一整天，市场也在两天内损失了1100美元，你觉得现在买入会让自己感到安慰吗？之前，我们说过大脑接受新信息都浮于表面，在充分的分析推理后，通常都会放弃原来的想法。从理论上来说，这是个有利的时机，但是也仅仅是在一段短暂的时间范围内。在日内交易中，通常没有足够的时间来做充分的实地分析。最佳交易通常都会让你如坐针毡。

我们回忆一下，第七个交易日的就业报告最初的统计是有约175,000个新职位。而根据ADP的报告，这个数字增长到了200,000个。星期五，实际的报告结果发布，新增非农业职位只有121,000个。这个数字包括政府部门职位90,000个，而ADP的预测是386,000个。市场出现了回升。这份报告中的56位经济学家都因为大额的保证金而忽略了通货膨胀的数字，这份有关就业数量的报告中，大部分的估计都过高。比起这些不切实际的预测，市场生成信息要更为客观及准确。

为了保留这种客观性，我们要始终保持一种大局观念。下面的列表就是要让你从宏观的角度反思自己的分析系统，要了解所有可能混淆视听的细节问题。我们会对每一项都进行详细的阐释。

从上而下的投资策略—准备活动分析。现在市场的动力是什么？

- 基本元素
- 经济学
- 股票动态
- 信心的缺乏
- 交易中的安全迁徙
- 市场条件
- 趋势—早期/末期
- 过度买空
- 过度卖空
- 平衡状态—在平衡区域内
- 库存失衡
- 从下而上的投资策略—准备活动分析

- 中期平衡区域
- 定义高点和低点
- 平衡区域内的价格定位
- 上限
- 上部中段
- 底部中段
- 下限
- 交易量分析，库存平衡、失衡
- 中期平衡区域内的短期交易范围
- 确认高点和低点
- 过剩
- 库存交易部位
- 交易量分析

昨日交易

- 价值区域设定
- 交易量分析
- 剖面图形状

当日交易

- 开市
- 发展的价值区域
- 交易量分析
- 全局信心
- 市场新闻发布
- 计划的剖面图形状
- 可能的目的地

从上而下的投资策略

在金融领域，"从上而下"这个术语通常是，先从市场的大环境着手的意思，也就是市场金融形势的一个快照。对我们来说，"从上而下"指的是对影响市场的关键动力的了解，这些动力可能是经济元素，也可以是其他的元素。我们使用这种"从上而下"的方法是要确认这些元素，因为了解了它们的本质和影响可以帮助我们更为精确地将信息与相关背景结合在一起（我们要强调：大背景、大背景，还是大背景）。

一旦你制定了从上而下的投资策略，就要灵活地随着条件的变化而变化。例如，你可能发现，对于市盈率的长期性再评估总是在不断地扩展或压缩。所以建立长期的投资组合十分重要，这表示市场活动会受到股票收益的影响。如果你想要在任何时段下进行有效的交易，或者说你正在进行日内交易，确认了目前影响市场的最重要因素都十分必要。

信心的缺乏

有时，市场运行缺乏方向性。这段时期通常都伴随着单日价格大幅度、经常性的振荡，见图8.5。

尽管在一个无方向的市场中，没有趋势发展的机遇，对于中期交易者来说也没有交易机会，但是这样的市场具有较高的流动性，对于日内交易者来说是一片肥沃的土壤。当市场缺乏信心时，所有的参与者通常都会关注一些短期的交易项目，如年末的回升，或者是在本书写作期间市场内进行的各类交易——也就是不断猜测美联储是否会暂停其周期性的加息。

相反，当市场拥有中期到长期的信心，参与者（以及市场本身）一旦发现其与竞价方向相反，就会迅速从这些短期项目中抽身，如果他们的方向与竞价方向一致，就会加速操作。这就是为什么评估市场信心，有助于你了解短期项目和时间对市场以及你自身资产的意义。

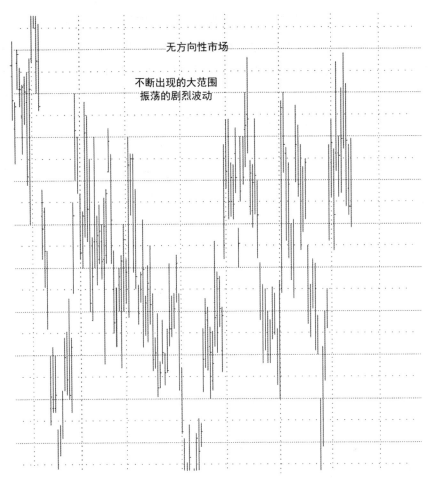

来源：版权所属：2006 CQG 有限公司。全球版权所有。www.cqg.com

图 8.5 无方向市场：单日柱形图

交易中的安全迁徙

当出现自然灾害、恐怖袭击、战争、政治纷争、大规模的破产或者经济崩溃，如美国长期资金管理公司以及亚洲金融危机时，安全迁徙十分重要。一旦安全投资转移现象即将出现，我们刚才讨论的市场分析过程事实上就会违背你的短期交易理念。当市场受到恐惧和其他情绪因素的主导时，价格和交易量都不再成为首先要考虑的因素。例如，我们编写这一部分的时段内，如果你了解到证券的买入并不是为了收益，而是为了安全，因为要考虑到国际政治大气候，例如伊拉克、伊朗、以色列、黎巴嫩等国家的不稳定局势等，你就会理解为什么国库券市场（六个月的短期国库券收益比三个月的要高出 20 个基本点）会产生短期收益。这种分析具备一定的风险性，由于市场回升通常都会超过价值区域，所以当安全投资转移交易逐渐展开，最终会产生许多不对称机会。一旦这种展开活动开始后，市场就可能会回到，或者通过这些区域，而价格的波动却没有得到相应交易量的支撑。

在安全迁徙的回升期间，前一个平衡区域和整理形态都提供了较好的视觉参考点。市场参与者可以继续靠近这些价值区域，一旦这些区域被排除，就说明市场要开始测试下一个平衡区域了。

存货失衡

在所有的时段下，市场总是时常出现过度卖空的现象。对冲基金有助于运用更为实际的投资或交易理念，因为它们都同时保留了多头和空头部位，但是这并不是说它们总是正确的。当对冲基金经理进行过度卖空交易，他们可能必须通过买进来平衡，这也增加了市场的流动性，同时也为那些正确解读了市场当前情况的人创造了机会。

从表面上来看，你一定想问，为什么这一章要花这么多时间来讨论超过了日内时段范围的信息。原因就是，如果市场在交易当日变得十分活跃，较长时段的信息覆盖日内时段信息，从而主导市场的运行。例如，当一个交易日表现出狭窄的价格范围，那么就不太可能会吸引较长时段交易。市场的交易活动会比较有序进行，竞价活动也此起彼伏，不断地寻找新的短期信息。但是如果某个交易日的交易范围还在不断增加，就会吸引较长的时段。长期时段的参与可以迅速主导短期交易者的市场活动。这种情况下，对于长期背景不太熟悉的日内交易就处于一个不稳定的交易部位，他们没有意识到长期时间框架已经进入了市场，他们的自然反应就是躲避市场的运行，因为这与他们日内时段的分析相矛盾。结果，他们被淹没在市场中。当市场竞价引起了长期的空头补进，就会出现这一情况。

其实，与从上而下的推动因素保持一致并没有看起来那么简单，因为一旦你完成了自己的长期分析，就不会经常改变。不幸的是，我们无法在报纸或新闻媒体上找到有关当前的从上而下的推动因素的确切的列表。这种理解要与市场实际情况相结合，而且还要关注所有相关的信息。通常来说，问题在于要确定分析的客观性，你要保证自己不受外部观点的影响，紧紧关注客观的市场生成信息。

存货失衡的调整

我们再来关注一下长期的空头补进，这也是难度最大的从上而下的投资动力。

图 8.6 中，我们注意到两个标记"过剩状态"的低点。这些也被当作"利好低点"，因为市场竞价不断走低，挤走了最后的落后者（至少在这个时段里是这样的），并很快找到了激进的买家，从而使得下降的趋势得到了逆转。记住，过剩标志着一次竞价的结束，和另外一个方向相反的竞价的开始。

现在我们来观察图 8.6 中标记的第三个区域。这里有许多价位相同的低点。当市场不断地走低，却没有建立起过剩区域，这通常都是库存失衡的标记。市场现在过度卖空，无法继续下跌，所以现在需要一个空头补进回升，促使长期的库存恢复平衡。我们总能听到专业交易者说，市场在继续突破之前需要回升。他们想要标的观点就是，当前市场上有太多弱势卖家，也就是一些不断对小幅度突破进行补进的卖家，这样知道补进活动结束之前都可以阻止市场的继续下滑。卖空总是潜在的买入动力。

持怀疑态度的人总会指出这个观念存在模棱两可，但是多年来，通过对所有时段下这种情况的观察，我逐渐发现一个事实，长期的空头补进是一个不断重复出现的形态。占市场主导地位的长期投资者不会继续等待，直到市场进入前一个低点的范围内，从而他们可以不断地买进。事实上，他们中的许多人都没有意识到这些点位的意义。队中基金和其他的中期交易者都了解到前面的低点，但是一旦他们对自己的交易部位开始失去安全感，他们就会寻找适当的点位来结束空头部位，而前面的中期低点提供了一种稳定感。

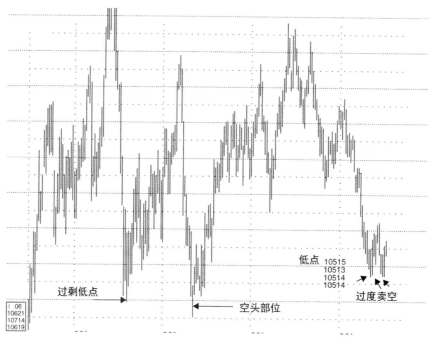

来源：版权所属：2006 CQG 有限公司。全球版权所有。www.cqg.com

图 8.6　美国长期国库券的长期库存失衡：单日柱形图

对于中期买家来说，这些都是特别困难的时期，因为他们不相信长期或中期低点已经建立起来了，但是交易还处于买空状态。相反，对于卖家来说，如果你执著于自己空头部位（等待更多的利益）可能会感觉十分痛苦，因为空头补进回升总是迅速发生的。图 8.7 显示的是一次回升开始的情况。

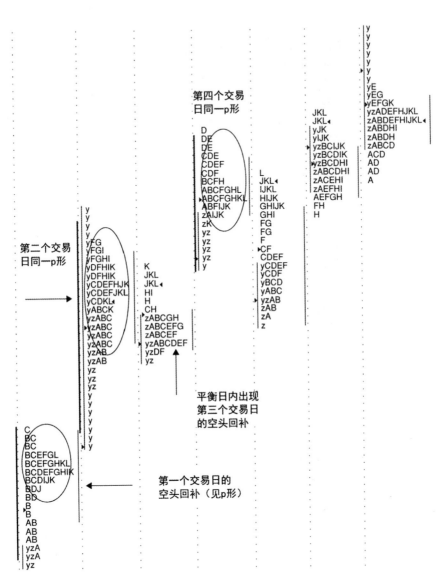

图 8.7　美国长期国库券的长期空头回补：单日市场剖面图

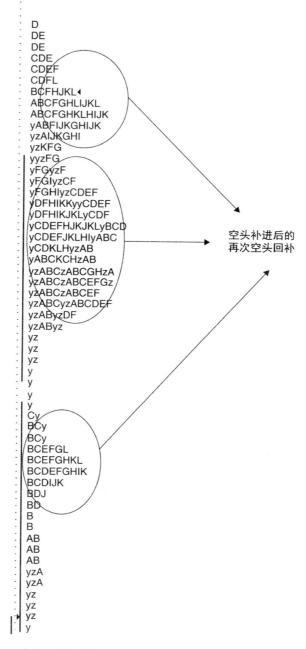

图 8.8　美国长期国库券的多日剖面图中反映出的长期空头补进 (长期剖面图)

第一个和第二个交易日剖面图中清楚地呈现了一个熟悉的 p 形，而第三个交易日则用一个内包日让市场恢复了平衡。然后第四个交易日再次展示了一个 p 形的空头补进。

图 8.8 融合了个人剖面图和一个单日和多日剖面图。p 形的镜像当然就是 b 形，就像市场进行过度卖空，所以无法继续走低，这些剖面图中的交易也因为过度的买空，而无法继续上涨，并且会在回升之前出现突破。在所有时段下，或在趋势和平衡并存的条件下，如果出现了这种情况，库存就会失衡。

趋势交易的陷阱

多年来，我发现，许多趋势追踪系统以及趋势交易者没有办法区别"传统行业"和"新兴行业"，他们认为发现一个新的趋势会使得目前正在进行的交易很快崩溃。当空头补进推高了多头交易投资者的交易部位，他们总会感觉十分满意，却没有发现这也是一次重新调整投资组合的机会。没有完全投资的多头交易经理人通常认为他们进行的是空头交易，他们总是认为自己没有完全履行对市场的义务。

记住："多头交易，完全投资"是一个追踪趋势的方法。这些交易者和基金经理人仅仅通过价格来进行理解。一旦空头补进完成后，此时市场上潜在的购买力也大大降低。一旦空头补进结束后，市场会迅速恢复到价值区域，使得趋势交易者损失惨重。相反，多头清算消耗了市场的卖出潜力，也为后来价格的大幅度回升打下了基础，价格大幅度上升，超过引发清算的价格水平。

了解市场和交易的过程与商业经营一样，库存十分重要。如果你在这个秋末成为一名零售商，但是你却选错了商品，怎么办？你会想到"停业甩卖"，也就是为了减少库存积压，降低 25% 的价格。我们已经花了很多时间讨论从上而下投资策略的制约因素，因为短期内这些因素对市场的主导会积极地影响你的底限。

市场情况

在回顾了目前推动市场发展的动力，我们要决定这些动力是否会出现在一个趋势型或平衡型的环境中。我们在本书中也分析了所有你可能会遇到的情况。但是，成功地交易/投资就是能够重新组织各类繁杂的信息，从而使我们可以更好地观察不断变化的市场问题。

在《成就之源：创造力和革新》（纽约：迪克诺尔 & 菲尔德出版社，1990）一书中，作者罗伯特·格鲁丁在讨论托马斯·库恩和他的著作《科学革命的构建》时用到了一个词组"发现异常"。格鲁丁写道，当你注意到有"不速之客异常"（出现意料之外的因素）、"空椅异常"（发现有必要因素缺失）以及"重新调整异常"（也就是所有的因素都齐全，但是排序混乱），这些情况的出现就需要你去深入发掘研究了。从趋势到平衡，或从平衡到趋势，都属于重新调整异常的例子。一旦所有的细节都被重新调整，那么预计的结果也会发生变化。那些没有注意到调整出现的交易者仍在会在期待一个永远不会发生的结果。

如果我们认定市场此时处于趋势状态中，那么下一步就是要确定这个趋势是刚刚生成，还是已经不断成熟，或者是形成已久的。你可能回忆起来，评估趋势的年龄，关键的方法不是依据价格波动，而是要看接下来形成的平衡区域之间的关系：如果两个平衡区域之间距离较远，那表示这个趋势年龄尚轻，一旦两个平衡区域开始靠近或重叠，说明趋势正在趋向成熟。在一场中期竞价中，评估交易量的大小，并且在同一场竞价活动的几个交易日之间进行比较，有助于了解竞价活动的成熟度。

如果市场处于平衡状态，那么通过剖面图，我们可以确定市场此时的交易部位。你可以写下观察结果，至少记录下平衡区域的高点、低点和中心点。接下来，你要通过交易量分析法来决定，位于平衡区域边缘的市场活动的本质。我们之所以强调要记录观察结果，是因为在市场升温时，你可以依赖这些笔记来判断，而不会因为不断增加的压力而限制了你的思维过程。最后，我们要更为仔细地检查内部的平衡区域，或者说是交易范围，以及平衡区域内的短期趋势。

之前我们就指出，"趋势发展"和"平衡状态"这两个词都适用于所有的时段。例如，一般都只有一个单独的趋势日和一个独立的平衡日。如果再深入一些，你还会发现，在一个单独的交易日内有很多小的平衡区域。在一个平衡的市场中也会出现趋势，而长期的趋势偶尔会被较短的平衡区域打断。因此，我们建议日内时段交易者，如果位于一个平衡的环境下就实施一套动态的分析法。这样他们就可以时刻保持对变化条件的敏感。

图8.9中，字母A表示的是多个有关过剩的例子，标志着一次竞价的结束和另一次方向相反的竞价的开始。从1到4表示的是，一个较大的平衡区域内较小的内部平衡区域。通常来说，成功的日内交易都会回避向平衡区域端点的波动，伴随着小额交易量，并且还要从平衡范围内寻找突破，以此吸引更大的交易量。

当价格竞价刚刚超过平衡区域的边界时，就产生了一个最有趣的交易时机。因为平衡区域是可见的，你可以在其边界外发现很多的止损指令，短期交易者通常不会拒绝这种止损指令。当这些止损指令都被取消，那么与平衡区域的边界同一方向的活动也会逐渐减少消失，然后你就可以确定这次波动的出现是因为日内交易者将价格抬得过高，从而取消这些区域的止损指令。此时也是避开的好时机，因为市场可能会出现逆转，并且重新返回平衡区域。从另外一方面来说，这些止损指令都被取消，而市场也出现了暂时的稳定，此时很有可能会出现一次平衡区域的突破，这就要求你在突破时进行交易。本章其余的部分里，我们会讨论如何观察一次交易活动的继续发展。

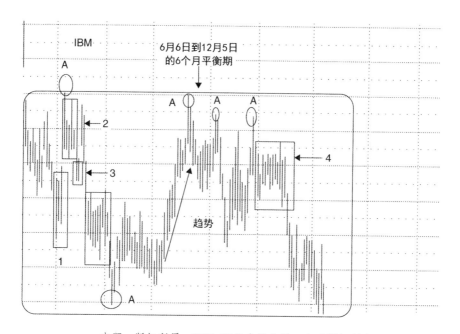

图8.9　IBM（国际商业机器组织）的6个月平衡区域：2005年12月到2006年6月，单日柱形图

在图8.9中，标记"趋势"的箭头虽然位于中期平衡区域内，但在交易的过程中与其他的趋势是一样的，也就是说，顺应趋势发展，不要躲避趋势。这些内在的平衡趋势都是从平衡区域的一端开始生成的，一旦出现就会向平衡区域的另一端发展。当趋势从一个平衡区域的端点开始发展时，很难进行成功的交易，因为你可能刚见证的几个交易日的市场竞价或者爬坡，都与这个新趋势的方向相反。如果你刚好保留了之前的观察记录，能够正确描述判断平衡区域，那么你会发现这个交易部位非常理想，也就是到平衡区域相反的一端的距离，比到达平衡区域端点上方的相反方向波动的距离要大得多，这会引起市场参与者的退市行动。我们将在本章的后面，讨论有关其他退市的策略问题。

我们不断地强调，掌握大局十分重要，同时你还需要宏观地了解自己在一个平衡区域内所处的位置。除非你已经精确地记录下了有关平衡区域的描述，以及在大背景下能够正确地定价，否则在关键的过渡点上过快的市场活动会让你茫然无措。所以你希望可以继续分析，比较交易量数值，以及评估你的竞争对手的库存状态。例如，在房地产市场中，你的周围是一片"地段、地段、地段"的声音，而在日内交易和短期交易中，所有的人要思考的就是"库存、库存、库存"。我们认为市场不是高效的，机会也存在不等，所以这就像是在打扑克牌中的二十一点，你已经打出的牌会影响到下一轮的出牌机会。

到目前为止，我们已经从大到小回顾了各种影响市场的因素。现在再来仔细观察一下前一天的交易情况，这也是为了成功交易的下一步做好准备。

昨日交易

每一天，我们都会问自己：昨天市场的表现有什么意图吗？市场如何实现意图的呢？我们要首先了解的是四个重要元素：预计性动向、价值区域设定、剖面图形状、交易量。我们通过三个例子来进行详细的解释。

案例一

我们先看图 8.10 中的我们正在讨论的交易日，我们发现这个交易日的前一天是一个上升的趋势日，市场也是以高点收市。我们所要讨论的这个交易日，则是以接近当日高点开市，并且在发现平衡区域几乎位于剖面图中心之前，在前两个时段倾向于卖空交易，图 8.11 中每一个时段都被隔离开来，所以这种发展的势头一目了然。你还会发现，当天的价格走低，价值也上升，因为前一天的价值低于最近一次上升性价格突破的水平。我们还要继续强调，价值比价格重要。价格只是市场对于机遇的一种宣传机制，有些机遇被接受，而有些会被拒绝。

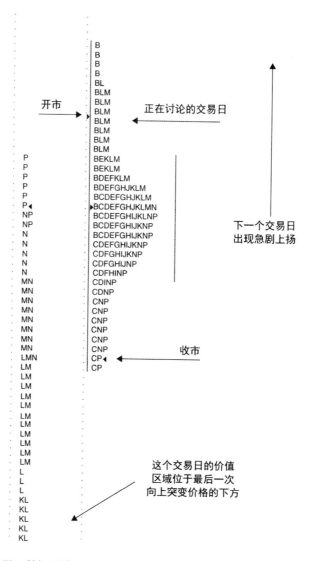

图 8.10　案例一：标准普尔 500 单日剖面图

　　这种分裂式的剖面图表现的是，在前两个时段，也就是 B 和 C，市场竞价开始走低，也失去了建立价值区域的能力。价格交易者可能会感觉到市场此时处于弱势或平衡状态，因为价格在下降后，几乎在交易当天保持不变。从另外一方面来说，价值交易者发现价值也出现了上升。

在交易日的下午，市场尝试从方框中的第九个平衡区域开始突破。交易量在这段预计性的突破期中呈现弱势，而市场也无法超越前一日的高点，这两个关键性的指标都为了后面的"返回价值区域"交易做好准备（见图8.10中的价值区中心点）。

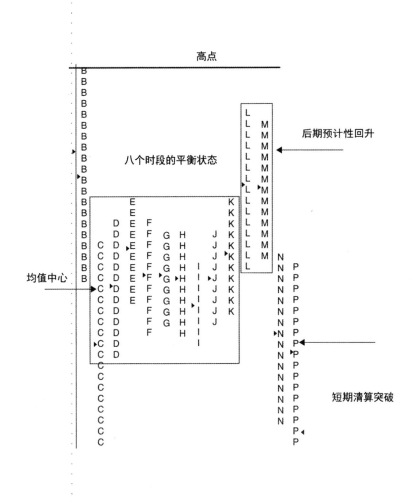

来源：版权所属：2006 CQG 有限公司。全球版权所有。www.cqg.com

图 8.11 案例一：标准普尔 500 分裂式剖面图

我们在这里观察到的是一个短期的清算过程，在这个交易日内从事多头交易的人，都在过去的几天内，以接近高点的价格进行库存积累。由于没有坚持到底，同时日内交易在一个小时以后就会结束，所以使得许多当地交易者和日内交易者都被迫进行清算。但是他们无法区分短期交易的多头清算以及市场中新出现的空头交易，这也使得交易者出现了意见分歧，新的空头交易清楚地标志了市场的弱势状态，而短期的多头清算并不表示，此时市场处于完全的弱势中。你要记住：此时的价值已经明显升高了。

第二天则出现了高开，并且出现了短期的新高。价格交易者在这个交易日末期，接近高点的位置进行卖空交易，并且一直保持到收市。他们一定在想：感觉还是不错的，为什么不将空头交易坚持到底，看看明天市场情况会有什么变化？而关注价值的交易者就会发现，证券处于强势发展中，并且可能在第二天出现上涨。

在这个例子中，交易量没有被纳入考虑范围，因为当我们确定了市场的单日竞价方向后，我们就要分析全天的交易量。图 8.11 并没有表现出这种清晰的关系。

案例二

图 8.12 中讨论的交易日呈现 b 形，因为市场交易趋向于多时段交易日低点。我们已经讨论过的市场总是倾向于跟随止损指令，而且在价格的下方总会出现止损指令，代表过去几天的低点。如果在日内时段下，市场的确处于弱势，那么短期交易者可能会在价格下方进行交易，由此引发了潜在的止损指令。区分不同的时段十分重要：日内时段并没有处于一个足够弱的势头，所以无法在最低点位进行竞价，而下一个稍长的时段则是价格在低位被接受后，而呈现出越来越多的弱势。如果较低的价格不是太低，对于日内时段来说，你会在这些低点看到一条单独的买入尾部。

这是一个极为复杂的讨论，同时也是日内交易者需要掌握的重要概念之一。如果你可以掌握图 8.12 中的情况，你就已经开始积累高级的市场知识。如果你还可以通过这些知识来从事盈利的交易，那么说明你已经能将"市场"理解与"自我"理解结合起来了。

图 8.12 中 b 形的腹部,表示的是"第一个讨论的交易日",代表的是当天的价值区域,除非我们价格偏离这个区域时伴随着大额的交易量,否则我们会发现价格最终会回到这个区域。我们总是在今天寻找线索,试图了解明天会发生什么,所以第二个交易日,我也在寻找机会在b 形的上部卖出,在 b 形的下部买入的机会,我希望价格可以最终回到这一价值水平上。

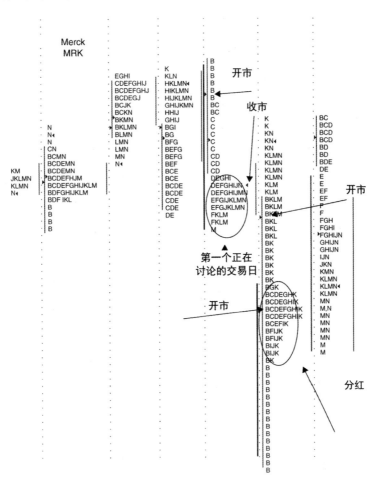

来源:版权所属:2006 CQG 有限公司。全球版权所有。www.cqg.com

图 8.12 案例二:标准普尔 500 单日剖面图

第二个交易日，市场低开，而位于多时段交易日低点的竞价，引发了止损指令的出现，我们怀疑这些止损指令就位于这个价值水平以下，促使市场迅速下跌。在同一个时段，市场出现回升，最后通过了前一个交易日的 b 形环中最松散的部分。

在这个例子中，有一个分红日，我们可以通过 b 形的镜像，也就是 p 形来观察，此时市场从早晨的低点开始回升到第一天的低点。而在第二天，我希望可以在 p 形的上方卖出，在下方买入，希望价格可以重新回归位于 p 形环的松散处的价格水平。此时有一个问题要解释：为什么在分红日的后期，市场会在 p 形的上部进行交易，而在第二天又重新回到这个水平？答案可能是因为，早晨大多数的卖出行为，都是由于止损指令出现的结果。一旦那些止损指令被"击中"（选中），就会导致价格下降，而势头卖家也会争相涌入市场，在陷入困境。另外，有些价格系统会因为价格突破到新低而启动它们的卖出指标。在第一个时段内（B），我们发现在低点处有一个很长的买入尾部，这就是在提醒我们，下一个较长时段买方决定利用机会，以低于价值的价格买入梅克药品公司股票。这种买入压缩了空头部位，那些在市场即将收市时，还没有来得及处理完日内时段下的空头交易的交易者，只得被迫补进。

我们希望你能了解到短期市场的复杂性，但同时还要意识到，如果你可以保持一个开放、灵活的头脑，清楚市场发展结构的重要性，也可以在短期市场里从事交易。市场结构每天每夜、每分每秒都在变化，竞价的过程也在不断地发展，所以我们要客观、全方位地看待实际市场活动。我认为那些可以辨识的交易范围，如那些在空头补进和多头清算中所表现出的范围，都是有机可寻的。

案例一，主要解释的是一个平衡日，没有在价值区域的两端达到交易平衡，因为每一次交易场都是无法吸引足够的交易量，从而无法成功地将价格推回新的价值区域。记住，不是价值与价格看齐，就是价格回归价值区域。

案例二比一更复杂，因为市场在价格和价值出现了几日的重叠后，出现了一次下降的突破尝试。这次尝试失败了，因为早期的卖出受到激进买家热烈的响应（通过较长的买入尾部就可以证明）。这些买家都十分强势，迫使卖家结束了早晨空头交易。这两个交易日的共同点就是短期交易者可以通过躲避试探性的价格波动来保证交易安全。这两个案例都提供了足够的线索，由此可以推测下一个交易日的情况。我们现在再来看一个发展的交易日的案例。

案例三

图 8.13 是标准普尔期货的柱形图，其中最后两个交易日的情况在案例三中将进行详细的分析。

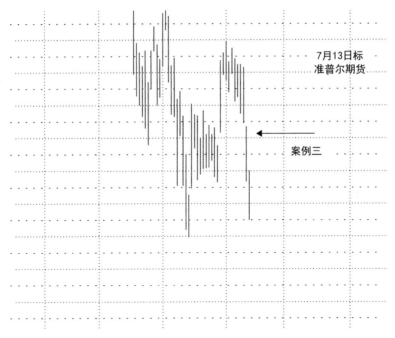

图 8.13　案例三：标准普尔 500 的突破（核心区域），单日柱形图

图 8.14 呈现的也是这两个交易日相对应的剖面图。

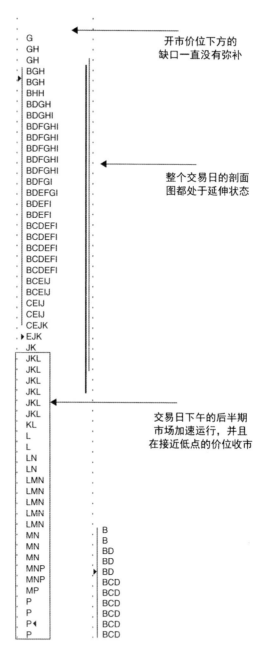

图 8.14 案例三：标准普尔 500 的突破（核心区域）：单日剖面图

我们来看一下标准普尔指数的下滑突破，看看市场结构提供了多少有关下一个交易日的信息。市场在开市时缺口更低，这是一个危机或市场重组的信号（也就是库恩的"范式变化"）。这一天的剖面图被延伸，下午时价格也加速下降，但市场还是在寻找足够多的买家以恢复平衡。之前，我们就提供过一个平均交易量范围，也就是从 16 亿每股的下限到 20 亿每股的上限，而这个交易日的交易量为 18 亿。现在我们将所有的信息整合一下：缺口、延伸、不错的交易量以及低点收市，这些都表示下一个交易日，市场还会继续下滑。再向前看，你会看到市场的确在继续下滑。

在真正开始一次日内交易之前，确保自己能够将决策过程在某种程度上标准化，但是目标绝不是要强制执行机械化的思考方式，而是要在一定的背景条件下了解潜在的交易机会。依我的经验来看，我希望认真的交易者可以列一份清单，下面的部分可以给你一些相关的建议。

交易者清单

从上而下的投资策略

- 市场现在的动力是什么？
- 基本元素（是/不是）
- 经济学（是/不是）
- 股票（是/不是）
- 市场现在有足够的信心。（是/不是）
- 现在能够安全迁徙吗？（是/不是）
- 其他的影响因素
- 市场现在是什么状态？
- 趋势发展（是/不是）
- 早期——成熟期——晚期
- 库存过度买空？过度卖空？
- 现在市场处于平衡状态中吗？（是/不是）
- 较低的中心区域——低点

- 库存过度买空？过度卖空？

从下而上的投资策略

- 中期平衡区域：高点：低点：

- 现在的价位

- 下部

- 中心

- 上部

- 当前的价位：

- 库存过度买空？过度卖空？

- 平衡区域内短期交易范围

- 高点：低点：

- 高点：低点：

- 高点：低点：

- 库存过度买空？过度卖空？

- 看涨交易日交易量：

- 看跌交易日交易量：

- 昨日交易（下面将会进行解释）

- 预计性动向

- 价值区域设定

- 交易量分析

- 剖面图形状

- 明天的方向性期待

- 根据中期平衡分歧，你希望进行的理想交易

- 根据昨日交易状况分析，你希望进行的理想交易

在本书的开始，我们就定义了市场双向竞价过程的两种主要功能：1. 竞价和出价的高效、公平分配；2. 不断搜寻信息。作为这个过程的一部分，市场通常会以高于前一个交易日的高点和低点、每周的高点和低点、每个月的高点和低点、前一个平衡区域的高点和低点、长期平衡

区域的高点和低点等位置开始继续运行。但是这些置换活动过于频繁，所以无法列表，并且还会根据大环境和时段的变化而不断变化。因此，你一定要学会分辨这些参考点，这样，当市场在某一个关键水平做出反应，你就可以判断出其重要性。你应该每天都列出自己的参考点，它们会帮助你通往成功交易之路。

开市

一旦开市，关键的问题就是：市场试图在哪一个方向上进行竞价，竞价是否能够成功？最好可以将这个概念人性化，再思考竞价活动究竟有多少"信心"。许多年前，彼得·斯蒂尔德梅尔将开市的模式分成四类，我认为这种分法十分有效。我们认为这四种开市模式是衡量市场早期信心的首要标准：

1. 开市—运行
2. 开市—测试—运行
3. 开市—排斥—逆转
4. 开市—竞价

开市—运行

开市方式中最强势也最稳固的模式就是：开市—运行，此时市场开市，然后在一个方向上强势竞价。在《关注市场》这本书中，我们曾将市场比成脱缰的赛马。开市—运行模式会将开市价格回归价值区域的可能性降到最低，同时也为你提供了一个早期市场的参考点。如果价格回归到开市价格水平，就是在告诉你，自早晨开市以来，情况已经发生了变化，此时的机会要大于竞价方向相反的交易日。图 8.15 表现的就是这种类型的开市。

在我们定义其他三种开市方式之前，先花一点时间来回顾一下我们熟悉的传统理念：市场大背景。假设你参与了一次研讨会，你被告知如何使用市场生成信息来获利，我会说："现在，我们要来定义四种开市方式，以及如何从中获利。"我在宣布的过程中，观众席中不时地传来一阵安慰的声音，每一个参与者都准备好了纸笔，打算仔细记录下四种不同类型的开市方式，记录要详细，并且要便于记忆。（毕竟，这就是你参与研讨会的目的）虽然这些记录对于很多人来说是绝对的原则，但其实只是一个起点。

Ask.com用了很多描述性的语言来定义人的认知力。其中包括："这是一个宽泛的概念，很难定义"，"这个过程涉及的人类机制有：感知力、注意力、学习能力、思考能力、概念组合能力、阅读能力、解决问题的能力以及这种行为的发展能力"。当你意识到要超越定义的限制，找寻市场真正的运行方式时，你其实已经开始了认知学习。每一种开市方式都有一个大背景。在一些场合，我们必须要"完全浸入市场"。也就是说，你要完全投入市场，然后你会发现成为一个交易专家需要巨大的创造力。

现在，我们再回到"笔记"这个话题上来。

开市—运行模式是最为自信的开市方式，案例一（图8.15）展示的是开市—运行模式伴随着一次贯穿整个交易日的下跌趋势，并在下一个交易日继续下跌。现在让我们回顾一下，在一个完全不同的背景条件下的同一个开市—运行模式。图8.16与图8.15表示的是同一个交易日，只是前者拥有更多的前瞻性，我们在图8.16中加入了前一个交易日的情况，前一个交易日是一个内包日（其交易范围完全包含在前一个交易日的范围内）。我们已经说过，内包日是一种平衡的形式，当市场失衡时，可能会吸引不同时段的参与者，同时也增加了市场的流动性。此时，市场已经开始下滑（图中没有体现），所有开市—运行模式也与当前的趋势相一致。

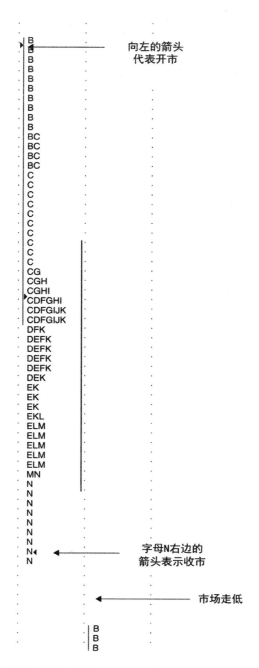

图 8.15　标准普尔 500 的开市—运行模式，单日剖面图

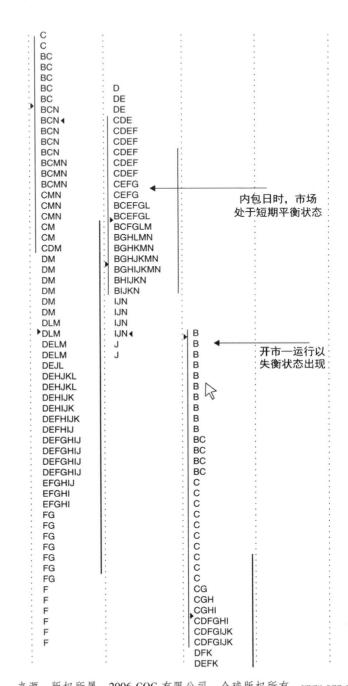

内包日时，市场
处于短期平衡状态

开市—运行以
失衡状态出现

图 8.16　标准普尔 500 与中期趋势相同的开市—运行模式，单日剖面图

图 8.17 展示了一个开市—运行模式，但情况有时会不同。图 8.16 中，竞价活动已经下滑，而以中期趋势开市，在图 8.17 中，长期竞价还在上涨（图中没有体现），所以开市—运行模式与中期趋势方向相反，并且位于前一个交易日的范围内，这表示竞价还处于平衡区域，不太可能引起交易者的关注。这两个例子的背景条件不同，而且在下一个交易日形成了不同的交易期待。我们要再次强调，图 8.16 呈现的是顺势发展，后来失去平衡开始下滑的开市—运行模式，结果，价格和价值的大幅度下跌都出现了。图 8.17 的开市—运行模式与主要的竞价活动趋势相反，而且还位于平衡区域内，结果价格发生了轻微的变化，而价值则向下做了小调整。

从定义上来看，开市—运行模式在最开始具有充足的信心。如果这种信心持续一整天，你就会看到一个延伸的剖面图，而价值也会逐渐与价格趋向一致。记住，价格是一个快速变化的元素，价值则发展缓慢。在下一个交易日，开市—运行模式中，你会看到市场在同一方向上，以偏离价值的价格开市，或者在前一天的价值区域外建立了一个新的价值区域。

当你开始发现市场的发展与上面的描述相矛盾时，你很快就会意识到市场的信心开始下降。如果你的日内交易与开市—运行模式方向相同，你要承担的风险也在增加，而且逆转的可能性也在增加。从另一个角度来看，如果市场在意料之中继续发展，你要保留自己的交易部位，让市场朝着有利于你的方向运行，并时刻监督那些会标志市场最初乐观情绪转淡的迹象，这表示你必须要退出交易。你的目标就是，学习按照自己的意志退出市场的能力，而不是等待止损指令的出现，然后被清出市场。这种操作可以增加你的信心度（不要谈及你的存款和资金）。

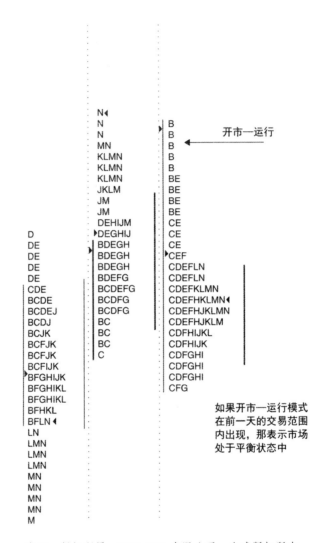

图 8.17　标准普尔 500 与中期趋势相反的开市—运行模式，单日剖面图

开市—测试—运行

开市—测试—运行模式与开市—运行模式相似，区别在于前者的市场缺少运行必要的信心。在这种类型的开市方式中，市场在一个已知的参考点上开市并且进行测试，例如前一个交易日的高点或低点，以此确保在这个方向上没有交易活动。然后，市场发生逆转，又恢复：一次强势逆转的错误测试通常确保当日的一个端点。

20世纪80年代末期，我负责一家机构交易咨询工作。通常在接到大机构的订单后，开始执行交易之前要等待15分钟，机构如果在与其订单相反方向上有足够的生意做，就不会让自己遭遇这种尴尬。例如，如果想要卖出，市场也迅速升至42美元每股，他们就不想以每股40美元卖出。开市—测试—运行模式是第二种重要的开市方式。一旦市场在趋势相反的方向上进行了测试，并且发现了一些强势的反向交易活动，那么在交易当日剩余的时间内，价格不会回归到最初的端点。

图8.18表示的是一个开市—测试—运行模式。尽管我们没有在这个案例中体现，但是上升的测试已经涨至前一个交易日的高点，在这个点位卖出者都迅速信心十足地开始卖出。对开市—测试—运行模式中的"运行"部分的分析与开市—运行中的"运行"部分相同，你也会看到剖面图的延伸，价值和价格下降等等。这些矛盾，就像是一个会计凭证上的脚注，从中你可以获知真正的信息。

训练自己时刻将"市场信心"纳入考虑范围，这是一个帮助你决定入市及退市时机的好方法。例如，当以开市—测试—运行模式开市时，市场充满信心，但是信心度却没有开市—运行模式高，此时你就要相应地调整自己的预期。

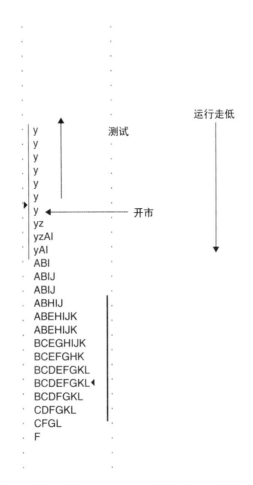

图 8.18　开市—测试—运行模式，单日剖面图

开市—排斥—逆转

开市—排斥—逆转模式的特点就是，市场在一个方向上开市、交易，然后遭遇到强势反向交易活动，而这种反向活动逆转了整个交易，并将其拉回开市时的交易范围。这种开市模式的思考过程与我们之前讨论的相同：问自己，市场在早期竞价中究竟有多少信心。我们到目前为止所讨论的三种开市方式都存在信心度的差异。开市越弱势，价格就越有可能在开盘价区间和早晨的高点和低点之间波动。

当市场最后决定要单方向竞价，我们总会努力决定还要保持多久的交易状态，这个决策基于在单向性的波动中市场表现出多少信心。这种开市模式可以用于评估市场信心度。而使用最频繁，却也最不可靠的信心测试指标就是价格。

图 8.19 表现的是开市后又出现了一次被排斥的下滑竞价，这一点通过 y 时段的买入尾部得到了证实。当市场形成一个新低，而出价也很快被反应迅速的买家接受，因为他们认为此时价格极低，所以是一次很好的交易时机。当市场在这两个连续的时段内而不是一个时段（见图中的方框），以较低价格进行竞价，那么市场表现出来的是较低的信心度。而市场的迅速排斥反映了一个事实，买家至少在早期是具有信心的。然后，市场发生逆转，并上涨，所以这种模式就叫做"开市—排斥—逆转"。

较低的端点的信心度——因为在开市后，方向一直都没有确定——被归类为"较低"。这意味着，在这个交易日的末期，市场存在逆转的可能性。所有的事情都不能孤立地来看，因为我们有很多可以判断竞价强度的因素。我们已经注意到的因素包括：正在发展的价值区域设定、与竞价有关的交易量以及延伸的剖面图结构，这种结构只要看一眼就可以了解其所反映的信心度要高于开始膨胀的剖面图。

图 8.20 的例子表示的是竞价信心的另外一个标志，通过剖面图可以一目了然。

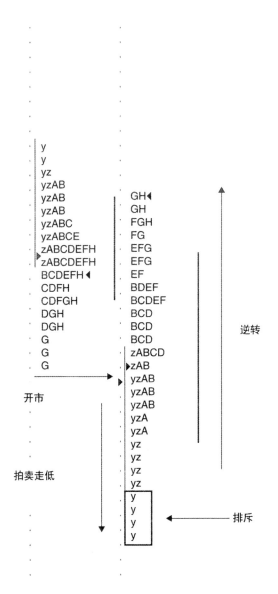

图 8.19　开市—排斥—逆转模式，单日剖面图

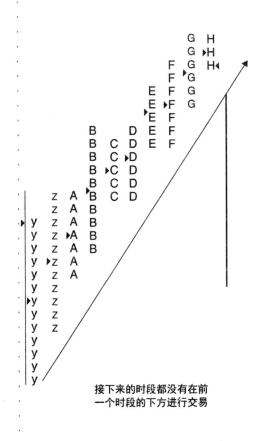

接下来的时段都没有在前
一个时段的下方进行交易

图 8.20 **开市—排斥—逆转模式后出现的单一时段竞价，单日分裂式剖面图**

一旦在 y 时段出现了排斥，所以接下来的半个小时，所有的交易价格都低于前一个时段的最低价。我们称之为"单向竞价"，或者"单一时段竞价"。交易者经常犯的一个错误就是躲避单一时段竞价。尽管这次竞价没有得到交易量或者任何理由的支持，只要你逆市场趋势而行，就会有盈利的机会，尽管这个过程可能是缓慢的，但是你可能会获得更好的交易时间和价格。

开市—竞价

开市—竞价活动反映了一个事实：市场缺乏信心。市场开市后看似随意的交易活动却是围绕着开盘价区间上下进行的。事实上，开市—竞价模式所反映的信心很大程度上依赖于市场与前一个交易日开市点位的关系。例如，开市—竞价模式出现在前一个交易日范围内，就与出现在前一个交易日的范围外的同一模式传递出有关潜在日内时段发展的不同特点。总体来说，如果市场开市后，一直在前一个交易日的价值区域和范围内运行，那么表示此交易日的市场会一直缺乏信心。而同一个交易日，如果市场在前一个交易日范围的外部运行，那么比较前一个交易日，市场处于失衡状态，这样任何一个方向上的价格波动的可能性都会大大增加。如果市场快速回归前一个交易日的范围内，并重新进入价值区域，那么市场在当日交易范围相反的一端继续运行的可能性较大。如果市场没有能够回到前一个交易日的范围内，则表示，开市后市场沿着失衡的趋势进行动向变化的可能性较大。

图 8.21 表示的是一个开市—竞价模式，在前五个时段内，价格在开盘价区间的上下不断变动。你可能常听人们谈论，成功的交易需要耐心，但是比起日内时段，这个原则更适合在开市—竞价模式后运用。无论市场是否处于平衡状态，一个日内交易者都不应该在开市—竞价模式的前五个时段内进行交易。如果市场在这么长的时间内一直缺乏信心，那么在交易当日的剩余时间内，交易范围只会做有限的变动，所以机会也较少。（《关注市场》一书详细介绍了日内交易的方向性波动，比本书介绍的开市模式更为全面）

总之，开盘价区间在短期内缺乏信心表明，日内交易者必须耐心等待，直到市场在运行方向上达成一致。

日内交易者列表

我们之前已经说过，每一个有经验的交易者都有自己的检查和平衡系统。下面的清单就是为你建立这样一个系统做好准备。

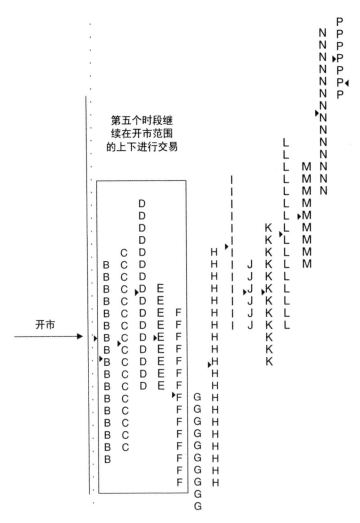

图 8.21　开市—竞价模式

- 回顾昨天的剖面图，寻找有关今日市场运行的线索。根据不同的情况变化，将所有可能进行的交易都写下来。

- 回顾夜间的市场，看是否出现了反常的价格波动或者早期变动的迹象。

- 将开市情况与前一个交易日进行比较。开盘价区间是位于前一个交易日的范围内还是范围外？是位于前一个交易日的价值区域内还是价值区域外？是出现上涨还是下跌。

- 有关预期的开市情况，要辨认位于预期开盘价区间上下的三个参考点。这可能是前一个交易日的高点和低点，可能是每周的高点或低点，可能是前一个交易日的价值区域的顶点或底部，或者是最近交易范围的高点或低点。（总之，并没有一个固定的答案，你要通过过去的观察来判断，价格运行是渐缓还是加速，而价值区域内的交易量是大还是小，这些都可以为你提供决策参考）

- 记录此时出现的开市模式，以及你所期待的模式，为的就是快速判断市场会在哪一个方向上积累信心。

- 记录下市场此时是否有一个清晰的预计性动向，而交易活动是否有交易量支撑。

- 市场此时是处于平衡状态还是失衡状态？

- 观察这个交易日剩下的时间。剖面图是被延伸、横向拉伸，还是呈现了其钟形曲线的常态，或者类似形状。记录下任何异常的形状或形态，这可能就是意外发生的先兆。

- 检查在推动价格方向性运行的过程中究竟投入了多少心力。记录下你的竞争对手的库存条件，例如，是过度买空，还是过度卖空，他们此时是顺风顺水，还是逆势而行。

- 如果此时出现一项重大的新闻公告，你要意识到市场可能会出现意料之外的流动性。那么就仔细观察市场的发展结构，让市场对可能产生的交易活动进行短期的阐释。除非日内时段结构特别稳固，不可能因为这样的公告而发生逆转，否则我们建议日内交易者在数字发生巨变时保持冷静的头脑。

我们再来观察三种不同的市场，先从开市的钟形图说起。下面的讨论也是对这份清单的总结和概括。

案例一

案例一（见图8.22）中，我们看到在不同的背景下，两种信心十足的开市模式，一种是价格偏离了平衡区域，而另一种的价格保持平衡。总而言之，当价格偏离了平衡区域，市场可能会出现更大的流动性，比起价格保持在平衡区域内的市场交易范围，其范围要更大。或者可以这样思考：当市场位于平衡区域内，说明现状保持不变，但是一旦市场脱离了平衡区域，现状就会发生改变，其他时段交易者也会开始参与市场活动。

我们对每一种开市模式分别命名，就是为了便于描述。但是请记住，比起这些名称，我们更需要关注的是每一种开市模式中表现的市场信心。第一个交易日开市的剖面图呈现钟形，以低于价值区域和前一个交易日范围的价格快速竞价，这表示市场具有充足的信心。不久，你发现第一个交易日的价值开始下降，此时要尽可能迅速卖空，也就是说顺应开市趋势，一旦价格在前一个交易日的范围以外波动，那么价值就可能会下降，与价格保持一致。你可以检查交易量，确保下降的价格可以吸引更多的交易活动。

第一个交易日的第五个时段，剖面图呈现b形，并且在剩余的时间里继续发展。开市早期，市场信心十足，而剖面图结构预计会被延伸，一旦没有出现预测的情况，就应该立刻退出卖空部位，市场继续走低，而你此时也丧失了继续交易的机会。从理论上来说，这是一个简单的日内交易，但是这次交易中所涉及的情绪更为复杂。你必须要快速行动，以低于前一个交易日的价格卖出，但此时没有衡量风险的具体标准。有人认为风险会不断降低，因为随着卖出活动不断增加，价格随之下降。

但是，比起前五个时段，市场并没有下跌，此时你才开始清醒，现在应该结束交易部位。退出交易的目的基于市场结构，而不是价格，依赖于你的观察，而非市场上的止损指令。一旦止损指令发出，市场就应该为其结果负责。当你因为市场结构的混乱而退出交易，但是很明显你的行为受到了外在影响。

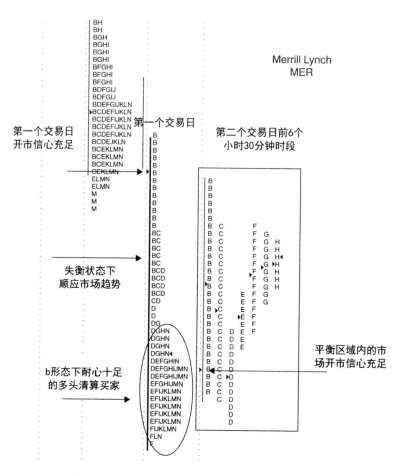

来源：版权所属：2006 CQG 有限公司。全球版权所有。www.cqg.com

图 8.22 案例一：两个背景相异的市场，但开市时都拥有高度自信

第一个交易日的 b 形图告诉我们，在明天的同一个点位，交易出现上升的可能性比较大。卖空交易证明，这个交易日的卖家并不是新的卖家，而是短期卖空交易的清算人。b 形剖面图所提供的证据表明，在较长的时段内，卖出交易不断地积累，预计会在夜间出现新的买空交易。

第二个交易日开市时，拥有与第一个交易日一样的高度自信，不同仅仅在于，其价格保留在前一个交易日的价值范围内，表示此时的市场信心不够。开市时的强势上涨，并且不断寻找卖家，最后发现卖家都集中于第一个交易日开市交易范围的附近，也就是位于价值区域的底部下方。我们的参考上限是：1. 前一个交易日的低点；2. 前一个交易日的开市；3. 前一个交易日的价值区域的低点。在这些参考点，价格都不能被接受，因为市场没有花足够的时间来重建价值区域。第一个交易日交易范围较大，这表示价格水平被接受，而第二个交易日没有超过第一个交易日的高点，那就说明这个交易日可能范围较窄且受限。这个交易日的第六个和第七个时段（G 和 H）表现出，这个交易日是一个范围狭窄的平衡日，交易机会受限。如果你可以早些了解到这一点，就可以了解买家的想法。

图 8.23 表示了第二个交易日的整体情况，市场始终位于自开市时建立起来的范围内，这表示市场不会发生真的变化。你应该可以迅速了解到，在该交易日剩余的时间内，市场不会再做出任何有意义的调整变化，也不会再出现任何实质性的长期买入交易，因为空头补进和新的长期买入行为会使得剖面图出现延伸。

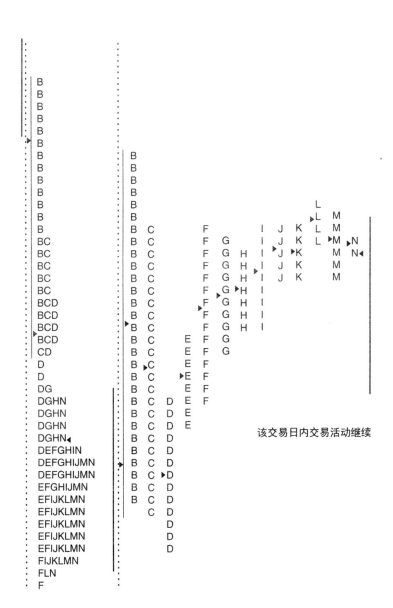

图 8.23　案例一：第二个交易日的单日和分裂式剖面图

案例二

图 8.24 中，第一个交易日的前一天，其剖面图的下部（圈起的部分）变得异常宽。到目前为止，我们知道很有可能会出现重返这一个价格水平的情况，时间价格机会线越宽，交易量也就越大。在市场信心不足的交易日里，价格返回这一水平的可能性也较大，因为市场已经从价格水平中找到了有效的向导。我们在第一个交易日的最高参考点就是前一个交易日的高点。

第一个交易日开市后的第一个时段，在开盘价区间的上下，且在前一个交易日的高点以上进行交易。在 C 时段继续这种自信不足的状态，这表示短期交易者仍然保有耐心，且在等待行动，直到市场决定其交易方式。在前一个交易日的高点处没有获得接受（时间积累），就是在告诉我们这个交易日不会向上重建其价值区域。市场以高于前一个交易日高点的价位进行竞价，并且发现交易活动被终止，这说明价格的上涨破坏了交易活动。

此时的市场可能会继续走低。就如你所看到的，价格的下降吸引了更多的卖家，而没有使得交易活动终止，因此市场需要继续下降，直到吸引买家的注意力，然后才能恢复平衡。你要注意到在 G 时段，下降的竞价活动不断加速，最后达到了圆圈区域内，这被称作"异常的宽度"。对于一个日内交易者来说，到收市以前没有任何理由退出市场，因为剖面图此时已经被延伸，价格也再次快速走低，最后超越了前一个交易日的低点。

最后要注意的是：一旦竞价超过了前一个交易日的高点，然后失败了，或者说是低于前一个交易日的低点，然后失败了，你都应该迅速了解这次竞价向相反方向进行的可能性。

图 8.25 中，你可以看到我们刚才讨论的交易日的最终切面图。

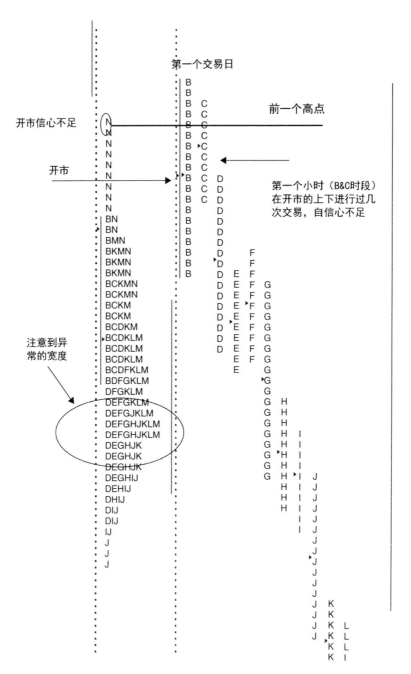

图 8.24　案例二：开市信心不足的交易日

图 8.25 案例二：第一个交易日完整剖面图

案例三

我们用图 8.26 中的案例来为第八章做个总结，因为其强调了日内交易日的核心：市场想要做什么，以及通过努力达到了一个什么样的程度？

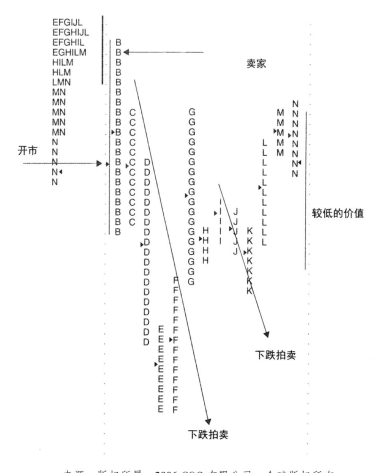

图 8.26 案例三：开市信心不足的交易日：评估市场意图

在案例三中，市场开市时信心不足。但是在 B 和 C 两个时段，较低的价格被接受，这样一来，价值下降的可能性也大大增加。D 和 E 两个时段向下延伸了此次竞价活动，给人的印象就是，这个交易日势头较弱。G 时段的回升将交易重新带回到 C 时段的高点，此时你会注意到交易又返回到前一个交易日的范围中。市场再次出现卖空状态，但是还没有接近早晨开市时的低点。这类交易日里，看似弱势的市场却为你设下了多个陷阱，所以你要不断地提醒自己："市场从这些变动中获得了什么?"在这种情况下，当市场继续卖空，结果就是市场不会再发生任何变化，并且以较高的价格收市。在开市时信心不足，而且不断地重复进入前一个交易日的交易范围，特别是当市场想要尝试下降时，这种情况时有发生，这反映出市场下降时的信心不足。你必须不断地问自己这样一个问题：我的竞争对手的库存情况如何，这个交易日中我能否预测他们的行动?

我们刚才讨论的所有案例都适用于双向日内交易者，以及从事单方交易的机构客户。还记得机构交易者经常提到的一个问题吗，"我有一笔大订单，我是应该现在马上执行，还是花一整天的时间来研究它呢?"

实践、实践、再实践

我们总是认为这一章所用的分析方法非常客观，且逻辑性强。但是我们毕竟都是人，受到情绪的控制。如果管理不好自己的情绪，你就无法深入了解任何风险。尽管你的分析可能十分客观，但是如果你融入了过多个人情绪，那么你的决策能力就会受到很大的影响，你也会发现自己仅仅关注最坏的情况。成功的分析必须考虑到你处理信息的方式，这也是你从事交易和投资的大背景的一个重要组成部分。有大局意识的交易者绝对不会受无关痛痒的细节问题或主观想法的影响，相反他们会继续深入了解交易活动的大环境。

我们在这里还要强调，这种全局观与你对自己想法的执行结果并没有什么关系。你可以通过本能，完全掌握我们在这里讨论的基本概念，但是你也必须要花大量的时间投入实践，也就是要研究自己，学习各种形态，直到你能够主导自己在金融交易过程中所融入的情感，逐渐攀登到顶级基金交易者的高峰。

我曾经了解到最好的学习方法就是不断地实践，每一次重复时都会有细小的改变，这就是我们的经验积累过程，而灵活性就是要求我们要迅速做出调整。我之前用过一个类比，这就像一个经验丰富的外科医生，外科手术需要大量的前期准备工作，比如观察 X 光片、反复研究病人的病历等等，一旦在病人的身体上划开了刀口，他们也总要在有限的时间内迅速做出调整。但是，因为医生已经经历了数不清的类似情况，所以些微的改变他还是驾轻就熟，他可以十分镇静且高效地完成这个手术，而不会发生医疗事故。

任何领域的顶级专家都在心理上做好了完全的准备，他们不断地忙碌，并且调整好心理状态，以清晰、灵活的头脑来完成他们的任务，而不会受到其他因素或情绪的干扰和控制。

第九章　从市场生成信息中获利

> 人们普遍认为，是大多数人制定了某种模式，构成了社会、经济以及宗教生活的大趋势，但这是一个误区。纵观历史，我们却可以得到一个相反的结论：大多数人只是在模仿少数人，从而形成了长期的发展和社会经济的演化。
>
> ——汉弗瑞·尼尔

生活总是复杂且变幻多端的。毫无疑问，人们总是喜欢条分缕析、目标明确。我们总喜欢将自己看作独立的个体，喜欢自由思考，但是我们还是希望得到直接的答案。例如在复杂的现代生活中，不断响起的手机、需要支付的账单、努力寻求的营养平衡以及成千上万的邮件，难怪所有的人都想要寻找一个解决万难的魔力黑匣子。当然，这种东西并不存在。

本书想要传递的核心理念之一就是，学习并不是直线性的。如果你想要成功交易，就必须要学会灵活处理，在时段和习惯思维之间灵活转换，从而适应不断变化的竞价活动。你必须要接受一个事实，就是你永远不能保持一成不变。如果你能够不断地改变市场理念，灵活处理信息，并制定决策，那么你就可以在时机来临之时，及时捕捉到并加以利用（假以时日，你会发现良机总是常常出现的）。

尼采曾说过："坚持真理就是要质疑到目前为止公认的真理。"这与本章开篇引用的汉弗瑞·尼尔的话不谋而合。如果你发现了本书的潜力和作用，那么欢迎你加入到少数群体。这个少数群体，包括"革新者"和"早期适应者"，能够在主流模式发生变化时及时应对。这种所谓的"不对称交易位置"从本质上来说，就是对现状的挑战。但是你还要考虑到，交易和其他事情一样，总是抢占先机的少数群体从主流群体的行动中获利。

时段的多样化

我们现在来讨论一下贯穿本书始终的一个核心问题：为什么不能进行组合投资，同时保留多头和空头交易部位？很多人都认为这样的交易方式是最合理的，但很少有人会这么做。如果你已经研究过有关个人证券的问题，并且也熟练掌握了交易方法，那么你一定可以把握多头和空头的交易时机。当市场显露了立即逆转的迹象，你一定会发现如果"一条道走到黑"存在极大的风险，所以此时，时段的区分可以让你更有效地利用资源。这样一来，你可以专心研究如何发展市场理念，而不仅仅是研究多头部位的发展迹象。5 月份股市的非线性突破是我们常举的例子，因为这是个利用时段区分获利的典型例子。7 月 14 日，我收到了在波士顿的美国道富银行负责全球业务咨询的朋友的电子邮件：

发件人：布莱恩·史恩纳汉

日期：2006 年 7 月 14 日

收件人：詹姆斯·戴尔顿

邮件主题：5 月初的高峰

美国道富银行是世界排名前五的基金管理机构之一。在资产管理机构中排名第一，其管理的资金量达到约 15000 亿美元。我从瑞士联邦银行金融服务部退休之前，曾经建议美国道富银行按照我们的要求为客户建立一套包含多头和空头的投资组合，也就是说在证券方面保持 70% 的多头部位和 30% 的空头部位，也就是保持 70/30 的组合，而空头部位可以在 25% 到 35% 之间浮动。

布莱恩的邮件让我想到，自从 5 月份市场出现非线性突破以来，这种投资组合已经取得了 5.44 个百分点的回报。这也体现了本书理念的力量。

时段区分向交易者传递一个理念，个人证券和个人市场，例如标准普尔 500 或标准普尔 100，道琼斯指数，罗素 1000、2000 或 3000，都不会直线发展。尽管市场发展是一个长期的趋势，还是会出现一些意义重大的逆向趋势，这些我们都视为中期竞价。这些反趋势竞价都会比趋势线回落 5% 到 10%，而这些变化都是健康的，使得市场趋向于平衡，也为趋势的下一次时滞做好准备。所有的人都认为，并不是所有的部门、工业或个人证券都会同时上涨或下跌。事实上，我们常能看到相反的趋势波动或交替。有关部门、工业和个人证券的划分已经成为普遍接受的事实，那么人们能否就投资组合的划分达成一致，接受空头证券或空头市场呢？美国道富银行的例子是这一理念的一个实例：由 5 亿美元资金获得的 5.44% 的回报也是真金白银。

我们认为，那些依据市场基本信息做投资决策的投资者常常能获得长期的回报，但这并不是说基本信息就可以保障绝对的收益，或者让投资者可以获得相对的优势。其实投资者在进行交易时，并不知道他们支付或收获的价格中究竟包含多少基本信息。当你仅仅依赖市场基本信息时，这就变成了你致命的软肋。

我们发现那些使得一种证券偏离其基本价值的动力，在本质上来说是具备行为性的，特别是在价格波动的风险达到最大，市场极端波动的末期。证券价格波动得越大，基本信息分析者的兴趣也越浓，因为他们市场决策是以知觉价格为基础的（至少在理论上）。例如，当价格走低，激进的价值购买者就出现了。极端的例子包括全部买入、合并和抽资退市。在这种情况下，时段的区分作用明显，也就是当证券价格过高，可以降低套期保值。而套期保值还包括筹集现金、从事保守型证券交易、卖出指数或个人投资组合证券的期权、买入整个市场、产业或部门的看跌期权等等。

关键在于，如果有基本信息的话，就一定有行为性信息。基本信息分析者总是在预测，可是并没有足够的证据显示他们的预测存在可能性。所以我们为什么不把基本信息与实际的市场行为结合在一起进行分析，使用中期时段区分来保证在市场中的竞争优势呢？

基本信息反映的是（或者说对众所周知的主导因素进行的推测）证券的长期核心价值。短期的行为性力量会迫使价格偏离基本价值，这种偏离通常是长期存在的。基本信息投资者，包括那些最专业的资金经理人要面临的挑战就是要决定，行为性或基本动力是否会促使证券价格的波动。那么我们应该如何，且能多大程度上保护或改善组合投资的收益率呢？这就是本书所讨论的有关市场生成信息和其他理念的价值。

新范式

新范式强调的是，证券价格并不总是评估公司潜在价值的最佳标准。其所强调的是，价格会受到投机者、趋势交易者、内幕消息人士的冲击，有些机构买卖股票的原因常与多样性、流动性以及税收有关，这类机构通常也会影响价格的波动。也就是说，证券价格会受制于某些被我称作"噪音"的暂时性市场冲击，这些冲击会模糊证券的实际价值，且常常持续数日甚至数年。由于这些冲击的不可预知性，所以交易策略不可能总是带来高额回报。

——杰罗米·西吉尔

当沃顿商学院的一位教授提到"新范式"这个概念时，整个金融世界都等待一个新理论的诞生。西吉尔认为建立一个"新策略"十分困难，因为市场活动存在不可预知性。《驾驭市场——成为交易过程中的盈利高手》正是提供了这样一个新策略，同时也不断地评估在任何市场中保持多头或空头部位存在的风险。

我们探讨了两个主题：了解市场以及了解自己。我们要从一直以来最可靠、最客观的信息渠道来获取信息，也就是市场本身。市场剖面图分析符合我们大脑接受和处理信息的方式。我们为此提供了一些建议和资料，来帮助你剖析自我了解的过程，并强调要清理头脑中的旧观念，只有这样你才能真正吸收市场生成信息，并将之用于分析市场的实际动态。

"清空头脑"通常是说起来容易做起来难。摒弃一个你长久以来坚持的理念是很痛苦的，更换是一个集约式的劳动，特别是你替换的新理念有些模糊，且容易变换方向。你要确保自己可以放弃现状，确保其他人可以自信、平稳地吸收并处理新信息。

从你自己的情感变化和认知结构来说，分析市场生成信息波动的关键就是要接受一个事实，每一个决策都具有不确定性。这就是人性。

所有的事物都存在不确定性。所以你要保持灵活的头脑，要时刻训练自己，做好充分的思想准备，只有这样才能从容分辨一系列的市场生成信息类型，同时也可以确保较高的收益，承担较低的风险。这样任何时候你都能在市场上卓尔不群。

附录 1

市场升级

第六章我们讨论了市场并不是直接从涨到跌，又从跌到涨的，而是从涨或跌的状态先过渡到平衡状态。一旦平衡状态完成，市场又会重新呈现趋势变化，或者开始一次趋势相反的新竞价活动。

在后面的章节，我们还向你展示了 2006 年 5 月份市场开始出现的突破（这一情况出现在我们写这一章节的时候）。我们的解释比较直接，因此此时市场还没有出现低点，我们只有通过本书的理论来指导我们。因为我们研究的是市场的实际活动，所以也要承诺在完成本书时还要向读者阐释市场的升级方式。今天是 2006 年 10 月 23 日，两天前，我们刚刚向出版商递交了本书最后的定稿。到目前为止，我们可以举一个 2006 年 12 月标准普尔 500 期货图表（见图 A.1），2006 年 5 月市场的高点为 1353，到 6 月 14 日达到了 1239 的低点，然后到 10 月 18 日高点恢复到了 1380。此时市场运行的过程并没有完成，但是比起 5 月份的突破，市场已经从低点开始回升了 100 个百分点，并且继续上扬。

我们已经说过，市场的首次突破在意料之中，因为 2006 年 5 月市场回升到新高，但却维持较小的交易量。到夏季结束，市场出现了变弱的迹象，所以许多投资组合经理人都在金融类节目中预测市场会看跌，特别是在市场形成了低点，也无法及时提供一个具有竞争力的优势点位。

其实，还有更好的方法来了解和解读市场。长期投资者和交易者要用市场生成信息以及本书所讨论的理念、技术和高胜算指标来武装自己，这样才能在大众逆转方向之前就开始行动，从而在风云变幻的市场中立于不败之地。

图 A.1